АНИСИМОВ Л.И.
ЛЮБОВАНИЕ ЧЕЛОВЕКОМ
ИЛИ КАК ЧИТАТЬ СИСТЕМУ СТАНИСЛАВСКОГО
Словарь терминов системы К.С.Станиславского

スタニスラフスキーへの道

システムの読み方と用語99の謎

レオニード・アニシモフ　遠坂創三／上世博及 訳

未知谷

はじめに　日本語翻訳出版に寄せて

「人間は自分自身で創造する能力はない。唯一天才的な芸術家、それは自然である！」

このスタニスラフスキー*の言葉は、創造、芸術にたずさわる人間の全人生の標語にならなければなりません。

創造、それは人間の精神、魂、肉体の本質が形成されていくプロセスです。

日常生活において、人間は自分の持つ能力、可能性の10％も使っていません。

エリマール・ゲッツ教授*は「我々の精神的生活の少なくとも90％は潜在意識的である」と述べています。モーズレイ*は、現代的意識はその機能の10％も使っていないと断定しています。ということは、意識的な部分にだけ頼っているあらゆる仕事、活動、行動は、10％の部分でしか実行する能力がなく、90％は失われているということになります。そんな人生は、あまりにも異常です。

（スタニスラフスキー論文集より）

だからスタニスラフスキーは自分の全人生を、潜在意識の中で始まり超意識的レベルで終わる創造的プロセスの研究に費やしました。

真の芸術は、自然による超意識的な有機的創造のために、いかに意識的に自分の中の潜在意識的創造の自然を目覚めさせるか、ということを教えなければならない。

（スタニスラフスキー八巻選集1巻四〇六頁）

自然の智慧と過去の世紀の偉大な芸術家たちの以下の声に耳を傾けることが切実に必要です。

「演劇、映画の俳優は、残念ながらこれらの基本を知りません。単純で知的、理性的な紋切り型で構築された現代芸術は不必要で、娯楽産業の実用的副産物でしかありません。『親愛なる友よ、自分は例外的に何かを創ることができると期待するとは、君は自分自身を誤解している。君の唯物的時代が、創造は脳みその活動の産物だ、という考えにまで導いてしまった。その活動をインスピレーションとまで名付けるなんて！ そのインスピレーションは君をどこへ導くのだろう？

我々のインスピレーションは、我々を感情世界の限界の向こうにまで導いてくれた。それは、個という狭い枠から我々を引き出してくれたのだ。

君は自分自身に固執しすぎて、自分の情動を真似ているだけだ。

我々は、自分たちの超意識的イメージを追いながら、我々にとっては新しい、そして前もって知ることのない世界を覗きみた。

創造しながら、我々は認識したのだ！』」

ロシア功労芸術家・演出家　レオニード・アニシモフ

目次

АНИСИМОВ Л.И.

ЛЮБОВАНИЕ ЧЕЛОВЕКОМ
ИЛИ КАК ЧИТАТЬ СИСТЕМУ СТАНИСЛАВСКОГО

Словарь терминов системы К.С.Станиславского

スタニスラフスキーへの道

システムの読み方と用語99の謎

人間は自分自身で創造する能力はない。
唯一天才的な芸術家、それは自然である!

K・S・スタニスラフスキー

第一部

人に見惚れる

スタニスラフスキーシステムの読み方

最高の教えも、それに対するときめきを失ったとき、魂の抜け殻となる。

はじめに

私は依頼されてこの本を書いています。皆がこの本を必要とし待ちわびている、というのです。でも、私は本の書き方を知りません。一度も本を書いたことがないのです。出版されれば、これが私の最初の本となり、コンスタンチン・セルゲーヴィチ・スタニスラフスキーの素晴らしい教えと彼のシステムについて書いた本になります。

読者の皆さん、もしこの本がうまく書けていなかったとしても、許してください。先程も書きましたが、私は作家ではないのです。私は生涯において長年に渡り俳優たちと共に舞台の上で過ごしてきた演出家です。

さて、自分の心を開かずして、スタニスラフスキーの教えを語ることはできません。そして心を閉ざしていてはスタニスラフスキーの教えを理解することはできません。ですから、皆さんとはお互いに心を開き合う、という約束にしましょう。

なぜこの一文を「人に見惚れる」という題名にしたのか。この題名は私の頭の中にすでに何年も住みついていていました。本はないのに、題名だけがあったのです。

ここで少し話がそれますが、ゆるしてください。

私には師と呼べる先生がたくさんいるのですが、そのうちの一人でロシアの才能ある演出家の一人でもあるアナトリー・ワシーリエヴィッチ・エフロス*が、自分の本の題名を「稽古－わが愛」としていて、私はこの題名が大好きでした。なぜなら私の稽古も、まさに「わが愛」だからです。本も素晴らしいし、題名も素晴らしい。稽古では何が重要かと言われれば、それはまさに愛なのです。お互いに見惚れることなのです。あなたはきっと見惚れるということがどういうことなのか知っていますね。

この本を翻訳する人には、私が書いたとおりに読者へ翻訳してくれるようにお願いします。私独特の言葉遣いがなるべく読者に伝わるように。これは重要なことです。あなたに私の心が伝わるように、器用な文章を書くよりは、むしろデコボコな文章で書こうと思います。

さて今朝、いつものようにスタニスラフスキーの対話集を読み返していました。そのときあなたのことを考えていました。どうやって私が感じたことをあなたに伝えようかと。

というのは自分の師であるスタニスラフスキーと対話しながら、師の心を聞き取ったからです。師は私に最も重要なことを話してくれたのです。

それは、変身する（生まれ変わる）とはどういうことか、ということです。今このことをちゃんと伝えられるかどうかわかりませんが、努力してみます。

肝心なのは、自然界にそれまで存在しなかった、新しい存在（第三の存在）が舞台上に誕生する、ということなのです。形象《イメージ》という観念世界のものが、生きた人間＝俳優において実体化するのです。それだけのことです。

説明してみましょう。

たとえば、あなたがハムレット、またはオフィーリアになりたいときのことを一緒に想像してみましょう。あなたならまず何をしますか。本を読んでシェイクスピア時代を勉強しますか。それとも実生活の中でいろいろなことを観察しますか。どちらにせよ、どうやったらハムレットになれるのかという問題があなたの目の前に立ちはだかります。

スタニスラフスキーはこう言っています。

私のシステムから安易に機械的に、何らかの技術的な練習法を作ることは全く不可能だ。

さらに、

創造活動において人間の意識にしっかりととらえていなければならないこと、それは完全に自分をコントロールできており、冷静さを保てていることだ。

つまりあなたは意識を変え、意識を広げなければならないのです。そうなった時に初めてあなたの意識は、スタニスラフスキーを受け入れる準備ができるでしょう。

意識を変えるとはどういうことでしょう。

それはシェイクスピアに対して、ハムレットに対して、また自分自身に対しての向きあい方を変えるということです。

では今、多くの人が議論し、また理解したいと夢みているシステムを絵で描いてみます。

この木が何を表しているかわかりますか。これがシステムなのです。

これはあなたの中でおこっている創造の過程です。

まず、あなたは自然の一部です。だから木と同じようにあなたの才能も育っていけるのです。そして木には根があります。あなたにはその根に相当するあなたの倫理があるはずです。つまり、先ほど話した向きあい方を変えるということは、あなたの倫理観（訳注：

倫理については後でふれます）を変えるということです。

木には幹があります。これは木にとってとても重要な部分であり、これに相当するのが、人生で遭遇するいろいろな局面で、あなたを導いている無意識です。なぜ、どうやって歩いているのか、寝ているときにあなたの中で何が起こっているのか、時間と空間の中であなたがどう適応しているのか、こういったことをあなたは普段考えないでしょう。無意識的なものが創造です。それこそが自然そのものの創造です。スタニスラフスキーは自然こそが唯一の天才的な芸術家だと言っています。

では枝は何でしょう。これは意識的なもの、あなたの経験、知識、実践です。

さて、木に葉がなければ木は枯れてしまいます。葉は太陽や宇宙からエネルギーを吸収するのです。覚えておいてください。葉に相当するのは、あなたの個性であり、この世界でたった一人しか存在しないあなたの独自性（インディビジュアリティー）です。誤解しないで欲しいのは、人格（パーソナリティー）と言われているものではなく、自然そのものがあなたにしか与えていないもののことです。あなたの中にはこの世で誰とも似つかないあなたがあり、これはあなただけのものであり、あなただけの奇跡なのです。葉っぱがなくてはりんごが育たないように、あなたという個性がなければ、あなたにインスピレーションはやってこないのです。

あなたに納得してもらうために、私の師であるスタニスラフスキーの言葉を伝えましょ

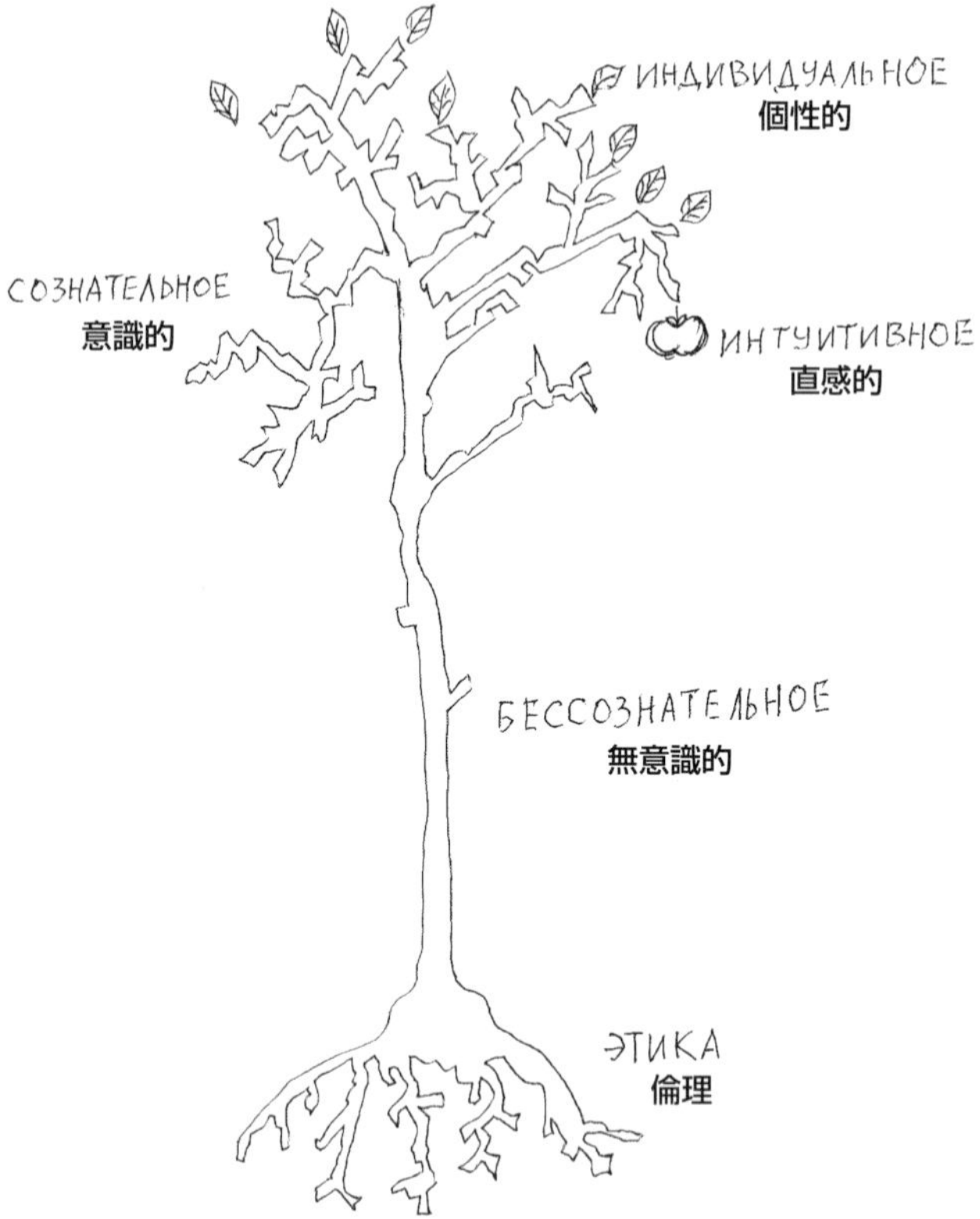
ИНДИВИДУАЛЬНОЕ
個性的
СОЗНАТЕЛЬНОЕ
意識的
ИНТУИТИВНОЕ
直感的
БЕССОЗНАТЕЛЬНОЕ
無意識的
ЭТИКА
倫理

第一図　システムの木

う。

私のシステムと呼ばれているものは、実際は私のものではなく、私が作ったものでもないと言わなければならない。それは生活から、人の創造力の観察から取り入れたものであり、生きた人間のために作られたものだ。

そしてさらに。

私のシステムは絶え間ない創造を教える。集中することによって、また周囲の物や人の基本的性質を注意深く認識し、注意力を結集させ、ひとつにまとめることによってこの創造の世界に入っていくことができる。

では注意について話をしましょう。

スタニスラフスキーの名づけている注意は一般的な注意ではなく、注意深い認識のことです。あなたは自然や人間について捕えようのないものをどれくらい捕えることができるでしょうか？　あなたは相手と離れていてもその人の気分を感じることができるでしょうか？　その人を見ていなくてもその人を感じることができるでしょうか？　あなたは自分の考えの流れ、その考えのさまざまな色調、混乱に気づくことができるでしょうか？　あなたが人を見ているとき、その人が、その人の本質があなたにはちゃんと見えているでしょうか？　あなたはその人の特性を感じているでしょうか？　あなたの目がとらえているものではなく、あなたのこころがその人をちゃんと聞いているでしょうか？

覚えておいて欲しいのは、表面的な観察はあなたには全く役に立たないということです。それはあなたの記憶を疲労させ、必要のない情報を詰め込み、あなたの邪魔をします。注意深くなるということは緊張するということではありません。それはまず何よりも物事を受け入れるためにオープンになることであり、自分を開放し、赤子と同じように、世の中をありのままに受け入れるということです。

注意深くなるということ、それはいつも驚いているということです。これが自分に対しての向き合いかたを変えるということです。それは本当に簡単なことなのです。でも、それを認識することはそう簡単ではありません。自分の中から余計なもの、すべての不必要な基準や評価を取り除いてください。

ではシステムについて少し触れましょう。

どのようなシステムも、構成している様々な部分とは違って、その一つ一つの部分が持つ性質とは根本的に異なる、全く新しい特徴と性質を持つようになります。

考えてみましょう。もし私たちが木の幹を持っていたとして、幹だけだと、私たちにできるのはそれから棚や机を作ったり、その物の美しさや機能を楽しむことだけです。木の根は暖炉の燃料になり、木から花を摘んでそれを花瓶に活けることもできます。しかし、これはすべてシステムの一部であり、それらすべてを別々にしてしまえば、いつまでたっても私たちに実をもたらすことはありません。木が全体として生きているときのみ、私たちに果実という奇跡をもたらすことができるのです。

さらにもう一つ例を出しましょう。もしかしたらこちらの方がわかりやすいかもしれません。車には多くの細かいパーツがあります。エンジン、タイヤ、シート、その他の機器。それぞれが特徴と性質を持っていますが、車として一体化したときのみ、あなたを空間移動させることができるのです。車がまとまったシステムとなったとき、初めてあなたは車に乗ることができるし、車は移動するという驚くべき性質を持ち始めるのです。

つまりあなたがどんなにスタニスラフスキーシステムの一部分だけを勉強したところで、いつまでたっても全体から生まれる果実を味わうことはできないのです。スタニスラフスキーシステムがあなたの中で作用し始めるのは、あなたがシステムを全体として取り入れたときだけなのです。

ではあなたが人生で学んできたいろいろなパーツをどうやって全体としてまとめるか？それはあなたにしかできないことであり、あなた自身でやるしかなく、他の人にはできないことです。

つい最近、私は自分にとって驚くべき発見をしました。ある賢人の本の中に、できるだけ頻繁に、たくさん高尚なことを考え、美しいことを夢見なければならない、ということが書かれていたのです。そのような思索は人間の中に創造力を呼び起こすというのです。それで私はわかったのです。なぜスタニスラフスキーの稽古が学生や俳優たちに非常に強い影響を与えたのかということを。

スタニスラフスキーの対話集を読むたびに、私は彼の高尚な言葉づかい、彼の思考の美しさと気高さにいつも感動します。彼は日常の非常に単純な状況を分析するときでさえも、自分の言葉の中で、わずかたりとも俗語など使ったりしません。彼の話法は常にインスピレーションに満ち、素晴らしいものなのです。

これに相当するであろう私の経験を話しましょう。私と俳優たち、それと稽古場に居合わすことのできた人たちは、稽古時間の多くが高尚なテーマの話に費やされているということに驚きます。考えてみてください、三時間の稽古時間のうち、二時間はそういう話に費やしているのです。しかもその結果は並はずれたものになります。残りの時間が一時間か三〇分になったとき、俳優たちは驚くほど創造的な状態になり、予定していたよりもはるかに多くのことをやってのけてしまうのです。これは特に注目すべき点ですので、この部分を注意して読んでいただきたいと思います。システムを全体として認識するために、とてもとても重要なのです。

これはあなた自身でも検証することができます。例えば才能に溢れた詩、または自分の好きな本の気に入っている部分を読んでみてください。きっとあなたの中で創造力が湧き上がってくるのを感じるでしょう。そしてあなたはその魂の状態になるべく長くいたいと思うでしょう。その瞬間こそ、あなたは創造者となっているのです。創造というのはある意味、こんなに簡単なことでもあるのです。

創造の木を育てる

さあ、私の本を読むためにあなたの注意を調律できた今（そうできたと私は期待しているのですが）、あらゆる創造の基本について、木が育っていく土壌について、あなたがすでに知っていて、だからこそ当たり前だと思っていることについて話したいと思います。

あらゆる創造の基本はリズムです。

ここでこのことについて真剣に話してみましょう。私たちは好むと好まざるとに拘らず、すべて宇宙のリズムに共鳴しています。宇宙のリズムの基本的周波数のひとつはあなたの中、正確にはあなたの心臓にあります。心臓の鼓動によく耳を傾けてみてください。人間の心臓のリズム、これは宇宙のリズムがそのまま表れています。それを基本としてみましょう。あなたの全身、全組織、呼吸、あなたの思考でさえ常にあなたの心臓の鼓動に従っています。あなたが緊張しているときは、あなたの脈拍数は上がり、落ち着いているときは、心臓のリズムはあなたが自然そのもの、自然の創造力と融合していることを物語っています。だからスタニスラフスキーシステムにおいて特に注意をはらっているのは、創造性に満ちた平静な状態にいることなのです。落ち着きのない状態ではあなたは何かを創ることはできません。もしかしたら逆説的に感じるかもしれませんが、スタニスラフスキーもこのことについて話しています。創造性に満ちた平静な状態を得るためには、自分の中に勤勉さと、勇敢さ、そして高度の集中力（英雄的緊張）を育てなければなりません。このような木をあなたは自分自身で自分の中に育てなければならないのです。この点においては誰もあなたを助けることは出来ません。そしてあなたの木に気高さという最初の葉が芽吹いたのち、やがてあなたはあなたの精神的－創造的成長の喜びという果実を味わうことが出来るようになるのです。

もっと分かりやすくするためにまた木の絵を描いてみましょう。

もう一つ創造の謎を明かしたいと思います。

それは質にあります。創造において重要なのは、何を、ではなく、どのように、ということです。分かるでしょうか、さきほどスタニスラフスキーがどのように話したか、彼が自分の弟子たちにどのように接したかについて書きました。「どのように」これは彼の思索の質です。

スタニスラフスキーの牽引力は、彼の創造への、また芸術や人間への関わりかたのおかげで並外れたものになりました。彼は強い熱意をもって自分の先生たちについて書いていています。彼は人間の才能に敬意を表し、演劇の未来を高ぶった気持ちで夢みていました。彼が友達、同僚、弟子たち、愛する人々、演劇界全体、学校、大学などに宛てた手紙を読むと私はいつも驚くのです。手紙は膨大で全集で何巻にもなります。そしてその全ての手紙が驚くほど素晴らしいのです。どの手紙でも彼は自分のこころを開き、重要なことについてのみ、つまり何が自分の人生の意味であったのかについて、創造についてのみ語っているのです。時間を経て初めて私が気づいたのは、彼は手紙に大変重要な役割を与えていたということです。すなわち彼の手紙は、お互いを豊かにする創造的空間を生み出し、冷笑的な態度、くだらない争い、低俗な心性から人々を守っていたということです。

質というのは「どのように」から生まれてくるのです。あなたの思いがあなたの人生を決めるのです。思いが純粋であれば、健康も成功もおさめられるのです。あなたの創造はあなたの感じ方にかかっています。そしてあなたの創造はあなたの倫理観しだいなのです。

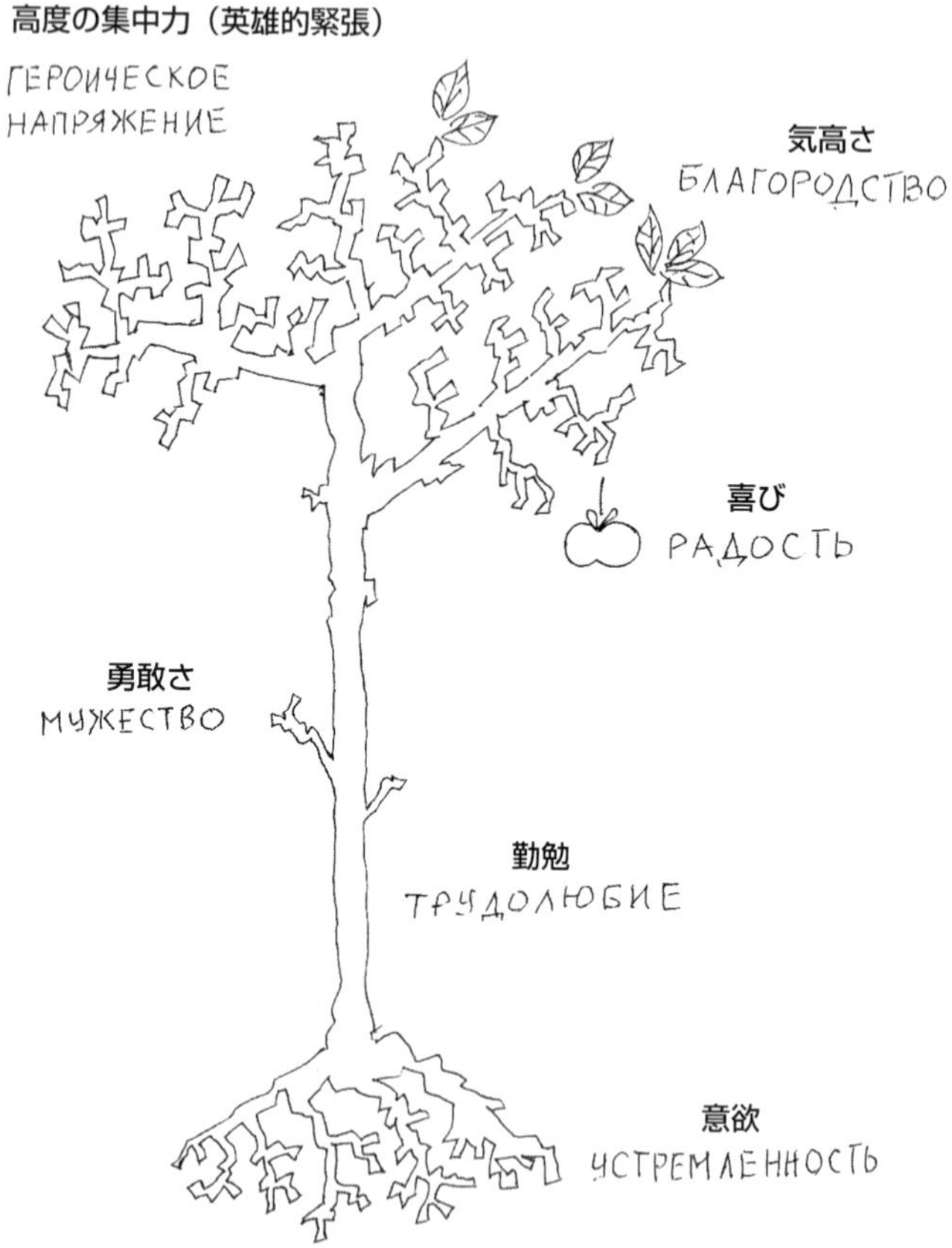
高度の集中力（英雄的緊張）
ГЕРОИЧЕСКОЕ
НАПРЯЖЕНИЕ
気高さ
БЛАГОРОДСТВО
喜び
РАДОСТЬ
勇敢さ
МУЖЕСТВО
勤勉
ТРУДОЛЮБИЕ
意欲
УСТРЕМЛЕННОСТЬ

第二図　創造の木

倫理観とは、あなたが世の中に対して、またあなたの先生に対してどう向き合っているか、ということです。

そしてもっとも重要なのはあなたの創造のレベルはあなたの質しだい、つまり「どのように」しだいなのです。

私の言っていることを正しく理解してもらいたいのですが、例えば幼な子が絵を描いているとき、その子も創造をしています。その子から創造的行動を奪ってはいけません。しかし画家ラファエロが創造しているとき、これは高尚な世界観とつながる、高いレベルの創造になります。

質という支えなしに創造の階段を登るのは不可能です。ですから行動そのものではなく、行動の質について考えてください。課題そのものではなく、課題の質について考えてください。自分の才能ではなく、その才能の使い方の質について考えてください。

なぜ私が詩を書き、歌や音楽を作り、絵を描くのかと問われると、なんと答えてよいのか分からず黙ってしまいます。私に分かっているのは、それが私にとって必要であり、それが私の「どのように」を成長させているということなのです。

そしてさらに創造のもう一つの謎、それは統合です。

分かるでしょうか、分析ではなく、統合なのです。

あなたが自分自身や自分の振る舞い、または自分の役を分析しているとき、あなたは科学的研究をしていることになります。それで一体どうやって創造に移行できるでしょうか。学術研究家になるのではなく、創造者となるためには一体何をしたらよいのでしょう？

あなたはどう思いますか？

まずは、自分は分析をやっているんだということを自覚した方が良いでしょう。そしてさらにそれを変えていく必要があるでしょう。

まずは統合から始めるのです。

こういうことから話しましょう。

あなたはハムレットになれる、だなんて思わないでください。自分とハムレット像を結びつけ、統合するのです。

私の師（スタニスラフスキー）は言っています。

自分に与えられているものを役に順応させなければならない、役の妨げとなるのではなく、すべてが役を助けるために。それが統合の恩恵であり、直感の恩恵である。

このことをもう少し詳しく話しましょう。

簡単な例を出します。もし私があなたにコーヒーメーカーの役を演じてくれと頼んだら

（芸術ではそういうことも可能です）あなたはどうしますか？　あなたがどんなにそれになりたくても、どんなにそれを夢で描いてみても、コーヒーメーカーにはなれません。でも、あなたは人間＝コーヒーメーカーにはなれるのです。そしてこの統合こそが、最初の方に書いた第三の存在の誕生なのです。この際、あなたの個性こそがあなたを助けてくれるのです。世の中にある全てのコーヒーメーカーの中から、あなただけのコーヒーメーカーという唯一無二のものになるのです。表面的にコーヒーメーカーを真似るということではなく、あなたにも、そしてコーヒーメーカーの中にもある、内面的要素を統合するのです。コーヒーメーカーの中には水があり、あなたも70％は水でできています。コーヒーメーカーには温度があり、あなたにも体温があります。あなたたちはお互いに大変似通っており、人間＝コーヒーメーカーになるにはあとほんのひとふんばりすればいいのです。

さらに統合について話せば、それは喜びをもたらします。

何かしら新しいもの、ありふれてないもの、そして一体的もの、つまり、生きたものを得たという喜びです。

あなたがどんなにスタニスラフスキーシステムを覚えこんだところで、それによってあなたが喜びを得ることはいつまで経ってもないでしょう。

師（スタニスラフスキー）はこう言っています。

システムを暗記することは不可能だ、システムは感じなければならない。

さらにこんなことも言っています。

これこれこういう本に、生活のすべてが書かれ、そこに前もって演じ方が書かれている、なんて言い切るのはばかげている。どんな感情も演じるのは不可能だ。


ではどうしたら良いのでしょう？

私たちには天性の能力があります。これを忘れないでください。

この能力は私たちの思考をスタニスラフスキーの思考と統合します。

私たちの経験をスタニスラフスキーの経験と融合するのです。そして私たちはそれぞれ自分の第三のものを得るのです。

統合を愛してください。

それを喜んでください。

統合、それこそが創造なのです。


あなたにとって難しいと思われる私のシステム、これはあなたが柔軟に考えることを学ぶ手段以外の何ものでもない。

K・S・スタニスラフスキー

これを読んでいるあなたとのこうした対話が、前記のことについて何か教えてくれると期待しています。

自然の才能が目覚めるために

柔軟に考えるとはどういうことでしょう？　なぜそれがそんなに重要なのでしょう？　分かるでしょうか？　それは、柔軟な思考こそが真実を捉えさせてくれるからです。システムの中で真実という概念は非常に大きな役割を担っています。もう少し後で私達はもう一度、この話に戻りたいと思います。

真実、これは創造が生まれてくる土壌なのです。

次の言葉に耳を傾けてください。

（人間の中の）自然がその人の意識の中で起こっていることを信じたら、自然そのものが仕事を請け負ってくれるのだ。そうすると潜在意識が働きだし、インスピレーシヨンもやってこれるのだ。

私たちの中で無意識、つまり自然的才能が目覚めるためには、完全に意識的な努力をせざるを得ません。その努力とは、我々の考えを柔軟にし、我々の思考の幅を広げることです。でも重要なのはその真実性です。

潜在意識の中の深い部分が開かれるためには、私たちには大変に正確で繊細な道具が必要になります。思考というものがその道具にならなければなりません。考えの力は強力であり、一瞬のものであり、至るところで働くものです。真実感のある高尚で気高い思考はあなたの才能に火を付けるだけでなく、あなたの友人たちの才能にも火をつけることが出来るのです。考えることを習得するということは、つまり才能を目覚めさせることを習得するということなのです。

まずは小さいところから始めてみてください。正しく考えるということを学んでくださ い。ただ、抽象的な思考から具体的な思考に至るということは大変に困難で、それがイバラの道であるということを覚えておいてください。

自己犠牲なしに愛はありえません。

勇気なしに偉業はありえません。

忍耐なしに仕事はできません。

そして自分を鍛錬しなければ創造はできません。私たちは創造の道を選んでいるのです。自分を鍛錬することが私の師スタニスラフスキーのシステムの道なのです。私たちの誰もが感覚、感情、考えを通して世界を受け入れています。自分を鍛錬するということは人間のこれらの性質を成長させることでもあります。システムはあなたを才能のある人、さらには大きな才能を持った人にさえしてくれるのです。

もっと正確に言えば、システムはあなたの中にある才能を開花させてくれるのです。自分の鍛錬の仕方を教えてくれるのです。

だからこそ私はこれを「教え」と呼びます。

さて、知識というのはあなたの重荷にもなりうるし、また逆に翼を与えることもできます。あなたがシステムを理解することによって、翼が得られるようになることを望んでいます。

では、何が人間に翼を与えるのか？

それは〈こころ〉*です。

この〈こころ〉という概念を認識する努力をしてみてください。

また木に例えてみましょう。

あなたの根となるのはあなたの感覚であり、幹となるのはあなたの感情、枝となるのはあなたの考えです。

ではその木の葉や果実にあたるものは何だと思いますか？　私の思索の先を推測してみてください。

私たちには感覚、感情、考えが与えられていて、これらにはさまざまな種類のエネルギーを感知する能力があります。そしてそのさまざまなエネルギーを自分の中で変換しながら、同時に自分のまわりの空間を満たす新しいエネルギーの源にもなっているのです。私たちの感覚と考えは融合しながら感情を生み出します。私たちの様々な感情のパレットが、私たちの才能を物語っています。感覚は発展させることも純化することもできますが、感情というものは育てるものです。絶対音感を持っている人に会うと嬉しいですよね。そしてこの人は音楽家になれるだろうと話します。明晰な思考を持った人に会えば、この人は学者になれるだろうとも思います。深い感受性を持つ人、つまり、才能ある人は音楽家にも学者にもなれます。

感情を育てる際には〈こころ〉が関わってきます。

〈こころ〉それはエネルギーの変換器でもあります。〈こころ〉のおかげで私たちは知恵や直感を生み出す感覚的知識を授かります。

創造への直感的な道のり、これはもっとも高度なものです。

直感、それは自然という天才的芸術家の筆なのです。

そしてもうひとつ。

スタニスラフスキーの本の中ではしょっちゅう、それもかなり頻繁に〈こころ〉のことが語られています。このことをあなたに説明してみましょう。

耳で〈こころ〉を聞き、目で〈こころ〉を見るとはどういうことでしょう？

きっと今までのあなたの人生の中で、あなたの〈こころ〉があなたと話をしているという経験を少なからず見つけられるのではないかと思います。あなたはその〈こころ〉の助言に耳を傾けるときもあれば、それを無視するときもある。

よく思い出してみて下さい。

ごまかす能力のある知性と違って、〈こころ〉は今までにあなたを騙したことはないのではないでしょうか？　あなたは愛する人をどこで感じるでしょう？　〈こころ〉ではないですか？　あなたの〈こころ〉があなたに何かを語りかけようとして動いているときもあれば、ある時には凍り付いてしまうときもある。〈こころ〉の苦しみはごまかすことができません。

純粋な〈こころ〉の持ち主を私たちはすぐに見分けることができますし、私たちにとってそういう人はとても気持ちの良い人になります。逆に残酷な〈こころ〉の持ち主であれば、遅かれ早かれ私たちはそういう人に怒りを感じるでしょう。
〈こころ〉は非常に敏感な器官です。

〈こころ〉という概念には私たちの感覚、感情だけでなく、私たちの考えも含まれます。賢明な〈こころ〉というものもあります。〈こころ〉は私たちの考え、感覚、感情を一つに統合し、穀物を脱穀するかのように、そこから本当に大切なものを選び、そうすることによって肝心なことを見てとり聞き分けるのです。

そこで私からの助言です。

人生で一番困難なときこそ、自分の〈こころ〉に耳を傾けるのです。そしてその際の条件はただ一つ、自分の〈こころ〉へハッキリと問いかけてみることです。そうすればあなたは答えを得ることができるでしょう。

これは非常に具体的で、実践的であり、絵空事などではありません。このとき、〈あたま〉が〈こころ〉にまで降りてきているのです。〈こころ〉には神が宿る、ということが多くの賢者の書物に書かれていますし、〈こころ〉が出す答えは決定的なのです。自分の〈こころ〉と対話できるようになった人は、自己完成への偉大な道に立っているのです。

さて、次に認識という概念について話したいと思います。
まずは、これも〈こころ〉のことだと理解して下さい。

最初に、魂をこめるとはどういうことか考えてみましょう。

多くの人にとってこの表現はなんだかはっきりしない靄がかった、でも崇高な感じのする魅力的なものでしょう。創造の道に立つ誰しもが、創造的に最高の状態、つまり魂がこもった、あるいは閃きを得たという状態に憧れます。魂がこもるとインスピレーションがもたらされ、そしてインスピレーションは果実をもたらします。そういうことなのです。魂がこもるということを理解するためには、あなたの感性に注目しなくてはなりません。いいですか、魂がこめられる人になるにはまず精神を純粋にすることです*。

ロシア語には二つの考え方があります。純粋な精神を持つということと純粋な魂を持った人になるということです。これらは非常に近い考え方で、純粋な〈こころ〉を持った人、無垢な魂、精神的な美しさを意味しています。

もしこの考え方を私の師であるスタニスラフスキーの言葉に置き換えるならば、次の表現に集約されます。

子供になる。

これは、私たちを取り巻く現実世界や自然を受け入れる際、子供と同じようにそれらを純粋に受け入れるということです。

純粋化していく道、これもまた創造の道です。

これから書くことは頭ではなく、〈こころ〉で受けとめるようにしてください。私の本の目的は、あなたの頭にさらに知識を詰め込むことではなく、逆にあなたにとって不必要な、あなたの創造を妨げているものからあなたを解放することです。

スタニスラフスキーはこう言っています。

知っているということはできるということだ。

それでは今度は、あなたの感覚的知識を大胆に木に例えてみましょう。

俳優自身の中から生まれる真実

次に、真実について話します。

真実、これは相対的なものです。日常起こった一つのできごとに二人の人間が同じ真実を見出すとはかぎりません。

分かりやすくするために便宜上、全ての真実を二つのカテゴリーに分けて考えてみます。

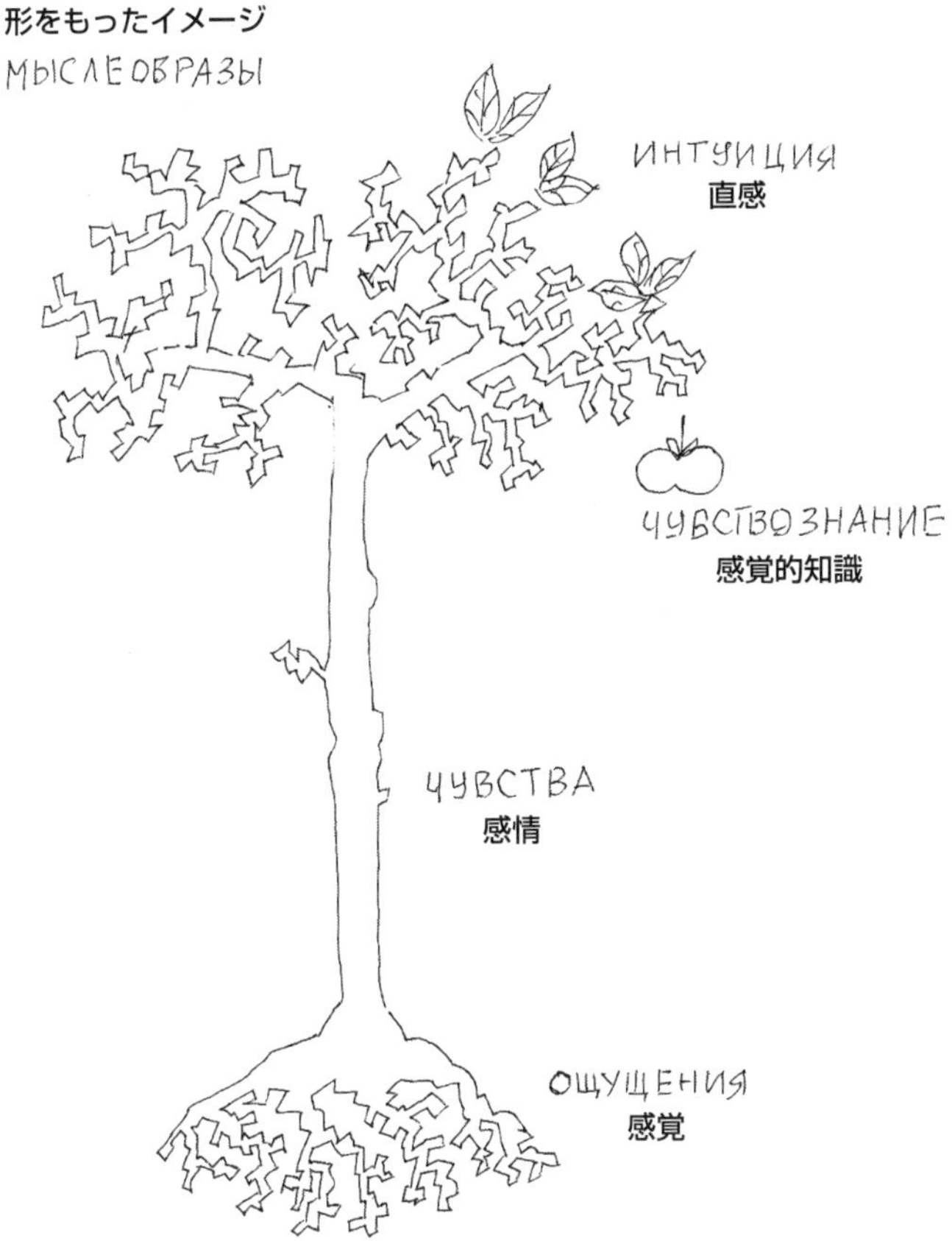
形をもったイメージ
МЫСЛЕОБРАЗЫ
ИНТУИЦИЯ
直感
ЧУВСТВОЗНАНИЕ
感覚的知識
ЧУВСТВА
感情
ОЩУЩЕНИЯ
感覚

第三図　感覚的知識の木

外面的真実と内面的真実です。

外面的真実とは、目に見える形ものであり、内面的真実とは、人間のありのままの真の感情と体験のことです。

スタニスラフスキーはこう言っています。

芸術において、あなたが子供が遊んでいるときに感じているような真実と確信にまで行き着けたなら、あなたは偉大なアーティストになれるだろう。

しばしば、芸術の中で目に見える形で真実を見つけようとするのですが、それはスタニスラフスキーによれば、良くても「真実っぽいもの」にしかなりません。舞台の約束事の真実の中ではなく（芝居では厚紙の刀もあります）、俳優自身の体験の深さの中で探すべきなのです。

それはどうやったらよいのでしょう？

それは創造への道の中でしかできないことです。

説明してみます。

一人一人の人間には、次の四つの意識レベルがあります。

1　上部意識レベル

2　意識レベル
3　潜在意識レベル
4　無意識レベル

創造的プロセスが始まるのは無意識レベルと上部意識レベルが結合したときです。私たちは普段の生活では常に意識と潜在意識を使っています。意識的とは今、この瞬間、この文章を読んでいるときに、あなたが考えている状態です。

あなたの潜在意識とは、あなたの全人生経験によって充たされている意識で、そこには子供の頃からの全てのコンプレックス、体験、印象などが含まれています。ただ、潜在意識には辛い感覚だけが保存されているとは思わないでください。あなたの人生で起こった素晴らしいこともそこにはちゃんと残っています。

では創造的プロセスが誕生する仕組みそのものを考えてみましょう。

スタニスラフスキーは、自然そのものの無意識的創造に行き着くには意識的努力から始めなければならないとハッキリ言っています。自分の潜在意識の貯金箱を開けることがどれほど大変なことで、そのためにどれだけ意識的な強い努力が必要となるかを私は知っています。

例えば、子供の頃に受けた屈辱の体験を思い出してみましょう。そのときに非常に細かいところまでその原因を研究し、その屈辱をあなたに与えた全ての人を許してみる。思い出し、理解し、そして許すことが必要なのです。必ず許すのです。そのようにして初めてあなたは創造へとつながる道に意識的に立つことができ、あなたの中の上部意識と無意識が作用し始めるのです。

信じてほしいのは、他の道はないということです。

だからこそ創造についての私たちの対話は非常に重要なのです。それで最初に、皆さんとお互いに心を開き合うという約束にしましょう、というお願いをしたのです。

それからもうひとつ。

創造的プロセスの素晴らしさは、創造において全てのエネルギーの交流を確立させていることにもあります。創造の力は意識の介入なしには発展しえません。似たもの同士は引き寄せ合う、ということを聞いたことがあると思います。創造的プロセスに入ることができたら、あなたは調和とインスピレーションに満ちている自然そのものの道具になることができます。

そして、創造的プロセスが始まるための非常に重要な条件は、あなたの役が難しければ難しいほど、より具体的に、より単純に自分に対し課題を立てなければならない、ということです。

内面的真実は、あなたの中にある細部の記憶と、自分に対する正直な態度から始まるということを理解してください。

芸術における創造と生活における創造は違うということを覚えておきましょう。

生活において私たちは常に何かを創造しており、生活そのものが私たちにそのような創造をさせます。私たちの生活の体験は私たち自身ではなく、私たちの内部にある自然によって制御されており、私たちはただその体験を反映するか、自分の内部を通過させているだけです。

芸術における創造とは、生活の創造から発展はしますが、それと同等の意味をもつことは絶対にありません。

音楽においては七つの音程があり、その組み合わせ方は無数です。

生活における私たちの感情はそれよりはるかに多く、ということは、その組み合わせ方はもっと多いということになります。その中から、調和の取れた響きを見つけることこそがあなたの創造となるのです。だから創造というのは、その組み合わせ方を見つけることでもあるのです。

スタニスラフスキーは言っています。

常に、永遠に舞台上では自分自身を演じるのだ。

ただし、役のために自分の中で育て上げた多くの提案された状況や課題の様々な組み合わせの中でだ。

それらは内面的創造のための唯一、最高の材料となる。舞台上で形象化される魂は俳優によって、生きた人間としての自分の魂の要素と情緒的記憶など様々なものが組み合わされ、融合されている。


もう一度、思い出してください。

様々なものというのはあなたが表現したいと思っている芸術的形象や観念世界のことです。それはハムレットであり、オフィーリアであり、シェイクスピア自身の思考による創造物でもあり、そして、あなたの道徳的目的や芸術的課題でもあります。

そしてさらに創造とは、自分自身の解放であり、雑事からの浄化でもあります。

創造、それはより面白く、充実した人生を味わうことへの目覚めでもあります。創造は恣意的な命令や利己的なことに耐えられません。

創造とは、人々にとって自然の謎が明かされる喜びなのです。

創造とは、自分の意識を拡大させ、美を浸透させていくことなのです。

創造とは、宇宙からのエネルギーを受け止める能力を見出すことと、そのエネルギーを変換することなのです。

そして創造とは、霊的存在との共同作業なのです！

あなたとの対話をする上で、私はいろいろなことをくりかえしくりかえし考えます。

創造の機動力「愛」

もしかしたら、私があなたをより才能のある人にするか、あなたの中に創造力が湧いてくるような新たな発見をしてくれるだろうと、あなたは私に期待しているかもしれません。私だってもちろんそうしてあげたいのです。でもそのためにあなたにどんな難しい説明をしてあげても、そんなものは芸術の基本である単純明快さの前では全く価値はありません。

例えば、創造の機動力となるのは愛です。あたりまえ過ぎるくらい単純明快です。偉大な俳優であったマイケル・チェーホフは、どのようにして舞台上でインスピレーションを得る自己感覚にたどりつくのか、と聞かれた際、次のように答えています。

私は観客の一人一人に対し、彼らを包み込むような大きな愛を感じるまでは、舞台に出ない。

もしそうならなければ、私は芝居の中止を申し出る。

これが伝説であったとしても、これは素晴らしくて、正しいことでしょう。

私の個人的経験からもこれが正しいということを断言できます。私はお互い同士や、戯曲に対して、作家に対して、登場人物に対して、また私たちの芝居を観てくれる観客に対しての親しみや愛情に満たされるまで、俳優との稽古を始めることはありません。このことを踏まえたうえで、愛には二つの性質があることを知っておかなければなりません。

それは執着的な愛と進もうとする愛です。前者を人間的愛、後者を精神的愛と名づけましょう。人間的愛はあなたに生命エネルギーを与えるものです。これもまた素晴らしいものです。精神的愛、これは創造の起動力です。

天才画家の絵を見るとき、あなたは何を見ますか？　裸体？　色彩？　あなたに降りかかる光？　それを見ているとき、あなたの中にはどんな愛の感情が芽生えてくるでしょう？

覚えておいてください。

愛、それはこころの成長の結果です。

理解の程度は、すなわち愛の度合いなのです。

想像から創造への発展

さて、感覚的知識とはなんでしょう。

考えなしにはどんな感情もあり得ません。重要なのは考えと思考を混同しないことです。思考とは、プロセスです。

考えは一瞬で浮かぶものであり、浮かんだ考えは存在し始めます。

感情と考えを切り離すことはできません。感情＝考えであり、そして感覚的知識でもあります。もし私たちが感情を認識でき、さらにその感情を引き起こした一瞬の考えを捉えることができたら、私たちは感覚的知識、つまり直感を得たことになります。

では、私の師のスタニスラフスキーが言う「知恵」「積極的な考え」「形をもった考え」とは何かを検討してみましょう。

彼は言っています。


我々の創造で重要なのは考えの積極性だ。

知恵と理性の役目、それは制御装置の役目以外の何ものでもない。

積極的な考えは想像力しだいです。

残念ながら目に見るものが多すぎると、想像力は鈍くなります。しかし私たちはハッキリとした鮮明な形をもった考えをはぐくむことを学ばなければなりません。

それはどうやったら良いのでしょう。

それは、耳をすまして目が見ているものに囚われず、見たものそのままを記憶に移行させないようにし、物質または現象の重要な本質だけをよく見れば、あとはあなたの想像力が描ききってくれます。そして、普通の人の目は物質的なものを越えて見通すことはできない、ということを覚えておいてください。

形をもった考えを作る創造的過程を成長させるのは、視覚ではなく、内的ビジョンです。創造的過程は現実に見えるものから心の目で見えるものへと発展します。つまり、感覚的知識が発達するのです。

そしてさらに、考えは常に意識に刺激をあたえるのですが、思考なしの考えは、芽を出さない種のように埋もれたままです。ということは、何よりも思考術を勉強しなければならないのです。無意味な考えというものを恥じなければなりません。

想像力についてはまだいろいろと話すことができます。

一体想像とは何でしょう？　それはどこから来るのでしょう？　どのようにして想像力を育てるのか考えてみましょう。どのようにしたらくっきりした想像が出来るのでしょう。

想像とは、私たちの経験が積み重なった結果です。

そういうことなのです！

もし想像に〈こころ〉が伴わなかったら、それは混沌とした欲求と不鮮明な内的ビジョン以外、何ものももたらしてくれないのです。

私たちの経験の積み重ねの結果という話をするとき、それは私たちの生活の経験だけに限らず、私たちの四つの意識レベルの経験のことも含まれているのです。無意識的経験も経験なのです。

想像は積極的で能動的でなければなりません。

自分の想像に対してあなたが立てる課題は、正確ではっきりしていなければなりません。たとえば、想像の中で自分を空間移動させてみてください。自分の内面は変えずに、海岸や森の中、星に移動してください。あなたの想像力が働き始めるでしょう。そしてあなたの空想が解放されて、創造的過程が始まるでしょう。

残念ながら、あなたの内面で起こる全ての過程について細かく説明することはできません。でも重要なのはそこではありません。認めなければならないのは、私たちには想像力を使うことで無限の可能性があり、想像したことが現実になったり、いわゆる芸術的な発想になるということなのです。もしあなたの想像力が働き始めれば、あなたの感情がその想像に反応し、あなたはそこに真実を感じられます。

創造的過程の奇跡はなんでも可能になるというところにあります。私たちが生みだす発想は、私たちを取り巻く日常生活よりもはるかに深い現実を創り出すことができるほど、素晴らしくて真実味のあるものになりえるのです。

なぜ子どもはあれだけの豊富な想像力と強烈な空想力をもっているのでしょう。子どもたちは理性に邪魔されず〈こころ〉で行動しているからです。なぜ子供たちの想像力はあれだけ多様なのでしょう。もしかしたら子どもたちは、私たち大人がすでに忘れてしまった多くのことを大人以上に覚えているのかもしれません。

想像は、記憶という私たちの素晴らしい貯蔵庫を開くことができ、感情を成長させてくれます。

芸術で重要なのは自分の道を見つけることです。私の経験やスタニスラフスキーの経験を誰かにそのまま手渡すことは不可能ですし、誰もその経験を繰り返すことはできません。あなたの経験とスタニスラフスキーの経験を統合することは可能ですが、どちらにせよそれだけでは不十分です。

でも、もし師（スタニスラフスキー）が私たちに示している道をあなたがたどっていくことができたら、芸術と創造の大いなる高みに行きつくことができるでしょう。ではどうやったら正しい道に立つことができるのか。

それは、創造しているのは私たち自身ではなく、私たちの中にある自然なのだということを認識することを通してのみなのです。
自分の中にあるその自然に創造させるためには、創造への扉の開け方を習得しなければなりません。そのためにはあなたが「エゴ」から浄化されることが不可欠です。私は稽古の際にこのことを俳優たちによく話します。きっと俳優たちは私を理解してくれているでしょう。私が、「私たちは創造に入って行かなければならない」という時、私たちの中で創造活動が始まるためにはなにをしなければならないかということを俳優たちは知っています。私たちは貴重な稽古時間を自分たちの中にたまっているきわめて人間的な「エゴ」を浄化するために費やします。私たちは無邪気さや純真無垢な感覚を目指して努力します。

自己の内面をさらけ出さない稽古はありえません。
稽古は邪念や悪い欲を浄化しなければなりません。
稽古は知覚を純粋なものにしなければなりません。
稽古は愛を生まなければなりません。
稽古は喜びをもたらさなければなりません。

スタニスラフスキーは言っています。

もし私が自分を日常的なものに縛りつけている鎖をとりはずさず、私の中で意識が目覚めるために私を取りまく状況から解放されていなかったとしたら、私は役を感受するための、また役において有機的、人間的感情を表出するための準備が完全にはできていないということになる。なぜなら私は、私の一日のあらゆる状況の一部である以外に、全宇宙の一部でもあるのだから。

私は彼の宇宙的規模の考え方に圧倒されます。そしてこのような鮮明で高尚な才能に触れると喜びが湧き上がってきます。

スタニスラフスキーシステムで重要なのは、システムの中にあるいろいろな練習方法ではなく、創造や芸術とどう関わるかということであり、その視点で読めるように学ばなければなりません。スタニスラフスキーのシステム全体は倫理的です。だから彼のシステムにしたがって芸術における自分の道を見つけるということは、スタニスラフスキーの倫理を受け入れるということを意味します。

現代のロシアの学者たちはこう言っています。

全人類は一人の人間の身体にたとえることができる。そうすると人類は、一人一人が一つの細胞の機能を果たしている一つの有機体である。人の肉体の組織は国や国家と同じようにそれぞれが各機能を果たしている。我々一人一人には自分の役割がある。

私はこの比喩がすごく好きです。なぜなら、こうすれば私たちの上部意識と無意識の役割を簡単にイメージできるからです。

無意識的レベルは私たちの祖先の記憶を有しています。この記憶のことを私たちは遺伝的記憶と呼んだりしています。

上部意識、これは一つの有機体としての全人類の知識と言えます。

学者のラザレフ*はこう言っています。

我々の身体の細胞が自分の役割を果たさなくなり、全体のことを忘れ、自分のためだけに働き始め、それを自慢するようになったらどうなるか、とイメージしてみてください。そうなったらそれは病原細胞、ガン細胞に変わっていきます。では細胞に全体を忘れさせないものとは何か。それは自然の倫理です。全体に対する部分としての関係性の自覚です。

さて、意識の五番目のレベルである超意識について話をしましょう。この用語はスタニスラフスキーシステムではよく使われます。

超意識というのはある意味、今まで出てきたあなたの意識の四つのレベルの成長した果実とも言えます。

ここは慎重に説明をしましょう。というのはこの超意識というカテゴリーには、私があなたに伝えうるよりもはるかに大きな意味が含まれているからです。

あなたの〈こころ〉からうっすらとした火の螺旋が無限へと出ていっているとイメージしてみてください。その螺旋を伝って超意識があなたにやってきます。想像力をはたらかせてみてください。想像力は先見の明を持つ助けとなります。このように超意識はあなたの〈こころ〉にやってくるのです。

〈こころ〉というカテゴリーについて、私はあまりにも注意を向けなかったことを認めざるを得ません。今、補足したいと思います。

「イリアス」（古代ギリシャの長篇叙事詩）では愚者を「賢くないこころ」を持った人と名づけています。

オデュッセウスは、考えを重ね「麗しいこころ」で決断をくだしていました。

「リグ・ヴェーダ」（古代インドの聖典）では、こころは認識器官です。

「詩人ら霊感ある聖仙たちは熟慮して心に求め、有の起源を無に発見せり」

「ウパニシャッド」(奥義書)では智慧がこころを支配しています。

「自我とは何か。それは認識から成り、命の呼吸のなかにあり、心の中で光を放つ『我』である」

仏教書物における「こころ」とは、深遠な実体や「主体」を意味し、これを区別せずに使っています。禅宗の臨済はこころをこう説明しています。

「こころ」とは、「素顔」とも言える肩書のないありのままの人である。

道教では「三つのこころ」に分けています。

人間のこころ－無分別のこころ
道のこころ － 光を放つこころ
天のこころ － 聖なる通り道であり、本源的な穴である。

仏教にも「三つのこころ」の概念があります。誠実な、深遠な、お布施をする準備のあるこころです。これらの「三つのこころ」を習得した者は、誰もが彼岸に生まれるのです。

中国や日本の武術に関する論文によれば、こころは意思と呼ばれるエネルギーを放ち、その意思は思考と同等の意味を持っています。

日本の「古語辞典」では、日本の古典文学において「こころ」という単語は九つの意味で使われており、中世の日本人にとっては意思、智慧、感情を集約したものであるとしています。辞典では「万葉集」や「源氏物語」などの古典文学を引き合いに出し、その言葉の使い方やその言葉の入った文例が三九五も記載されています。

中世の西洋やロシアの文化では、宗教哲学の伝統においての「こころ」という言葉は独特の役目を持っています。こころについての話は聖書では、ほぼ毎ページに書かれており、旧約聖書だけで「こころ」という言葉が八五一回出てきます。聖書を読む人なら、聖書が思索、意思決定、感覚、愛の発露などといった人の意識の機能をこころに与えているということに気づかされるでしょう。聖書では神だけがこころを見すかすことができるとしています。

わたしはこころとその奥底を試す者である。

神……彼はこころの謎を知っている。

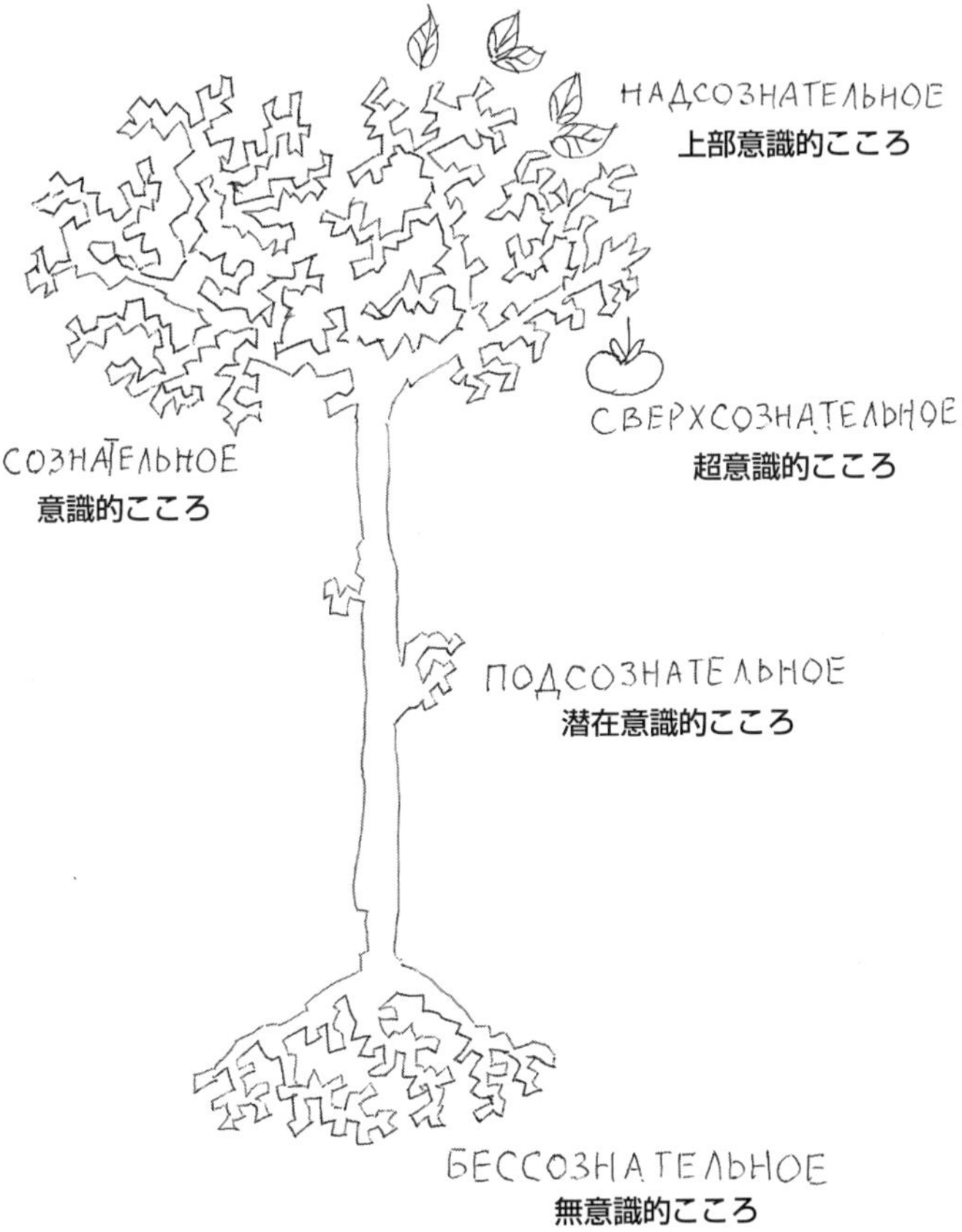
НАДСОЗНАТЕЛЬНОЕ
上部意識的こころ
СВЕРХСОЗНАТЕЛЬНОЕ
超意識的こころ
СОЗНАТЕЛЬНОЕ
意識的こころ
ПОДСОЗНАТЕЛЬНОЕ
潜在意識的こころ
БЕССОЗНАТЕЛЬНОЕ
無意識的こころ

第四図　こころの木

だからこころはしばしば底なしと言われるのです。この意味において、ギリシャの賢人たちは「自分自身を知れ」という格言を好んで使っていました。聖書によると、人の真の美しさと価値はこころの中にあります。

髪の編み方や、金の装飾品、洒落た服も、あなたの飾りにはならない。こころを大切にする者は、穏やかで静かな精神の高潔な美の中にいるのだ。

芸術に値する重要な要素

創造の完全な道具とはエネルギー放射です。画家は素晴らしい絵を筆で描くのではなく、放射で描きます。作曲家は素晴らしい音楽を放射で作っています。奇跡を起こす放射は画家の筆を、音楽家の指を、俳優の全存在を導いていくのです。エネルギー放射の秘密についてスタニスラフスキーはこう言っています。

強烈な追体験、エクスタシー、高揚感などがあるとき、エネルギー放射はそれを放っている者と同じぐらい、あるいはそれ以上にそれを受容している者にとってもよりはっきりと感じとれるものとなる。

スタニスラフスキーは、人間固有の全く新しい種類のエネルギーのことを言っているのです。それを精神的エネルギーと呼びましょう。その精神的エネルギーはどこで生まれるのでしょう。

それは〈こころ〉の中でです。そして感じることから生まれます。

精神的エネルギーはあなたの考え、あなたの言葉、感情を届ける力があります。精神的エネルギーが注がれると最も単純な現象も変容し、完璧で、崇高で、精神のこもったものになります。

どのようにして精神的エネルギーを得たらよいのでしょう。

それは意識を浄化し、魂を育てあげることによって得られるのです。こころは残酷であったり、冷淡であったりしてはいけません。こころが柔らかくなり、優しくなり、愛するようになると、こころはあなたの望み通りにどんな方向にも精神的エネルギーの目に見えない放射を降り注ぐようになります。スタニスラフスキーの女性の弟子の一人は、このようなエネルギー放射を、花から放たれる「香り」に例えました。精神的エネルギーの程度は力ではなく、質で判別することができます。例えば香りの質のように、繊細で、上品な香りであればあるほど、精神的エネルギーの現象がはっきりしてくるのです。意志の力によって補われたあなたの感情の優しさが、あなたの精神的エネルギーの源泉なのです。そしてそれが生まれてくるためには、何かを達成しようという情熱の火をつけることが必要です。

応永年間（一三九四～一四二八）に日本の能役者であった世阿弥元清によって書かれた『風姿花伝』という素晴らしい本の中では、「工夫」という概念が精神的エネルギーの解放と創造的直感の目覚めを意味しています。世阿弥はこう言っています。

道をたしなみ、芸を重んずる所、わたくしなくば、などか其徳を得ざらん。
（芸の道を志し芸を大切にしていくには無私の心をもって芸の深奥へ参入する態度を持ち続ければ、芸の奥義を極め、芸の徳を悟ることができる）

世阿弥は、人を惹きつける魅力、衆人に認められる人になるための能力について理解していたので、芸の徳ということについてこのように書いたのです。

ただ、私があなたに達成不能なことや不可能なことについて話しているとは思わないでください。精神的エネルギーはあなたの中に生きているのであり、それは出口を要求し、あなたに使われることを期待しているのです。だからそのエネルギーを人々のために使いましょう。それをあふれ出させて、自分の〈こころ〉から放射しましょう。あなたの才能という木があなたの中で成長し、あなたの一つ一つの仕事においてエネルギー放射として花を咲かせるのです。

万木千草において、花の色もみなみな異なれども、面白しと見る心は同じ花也。

世阿弥元清

芸術は美に奉仕する。

しかし美とは何かをだれも知らない。このだれにも分からない美を感知するためには単に人間であるだけではなく、芸術家にならなければならない。

人の趣味、志、信条、理想は変化し、時代と共に前進するが、自由な芸術においては変わることなく、永久に確立された永遠の美の法則が存在している。

繰り返すが、これはだれにもわからないあの美のことである。スタニスラフスキー

もし私たちが自然、つまり自然の合理性に従うならば、私たちは自然の神聖な部分、自然の謎である、美に近づくことができるでしょう。

美はどのような土壌から育つのでしょう。

私は、皮肉や冷笑的な土壌からは美は育たないと確信しています。師であるスタニスラ

フスキーは、個性を消してしまうようなエゴイズムの力を私たちに戒めながら、よくこのことを話しています。

美という実がなる木の根に相当するのは無邪気さでなければなりません。私は長年にわたって、無邪気な演劇という美学を信じてきました。この用語は私自身のために、俳優たちのために使っていますが、これからはあなたにとっても創造活動における重要な用語となります。

残念ながら「無邪気さ」という言葉は、よく否定的に使われています。私たちはいわゆる芸術評論家や演劇評論家と呼ばれる人たちにバカにされないために、この無邪気さを隠そうとしがちです。だから逆に私は「無邪気さ」という言葉を用語として使うのです。無邪気さからしか現実を新鮮なままに感知するという幹は育たない、ということを信じて下さい。新鮮なままというのは、つまり私たちの生活や先入観、疑心暗鬼などの制約によって濁らされていない、という意味です。

誠実な意欲という枝は、鮮明な感覚と単純さという王冠に編みこまれています。単純さということを、宇宙の輝かしい合理性のこととして捉え、考えなければなりません。単純さを簡略化と理解している「お利口さん」たちにまぬけ者と見られないためにも、私たちは単純さを目指していることを隠そうとするのです。でも無邪気さという木にしか美、真理、善という実はならないのです。

ПРОСТОТА
単純さ
КРАСОТА 美
ИСТИНА 真理
ДОБРОДЕТЕЛЬ
善行
ИСКРЕННИЕ
ПОБУЖДЕНИЯ
誠実な意欲
ПЕРВОРОДНОЕ
ВОСПРИЯТИЕ
新鮮なままの感知
НАИВНОСТЬ
無邪気さ

第五図　無邪気さの木

さらに、美、真理、善というのは、美学、哲学、道徳という観点から名づけられた一つの同じ現象のそれぞれの名前です。美が誕生するプロセスを大切にし、その神聖さを守ってください。そして、それを味わってください。

精神圏との結びつき

さて、これからあなたにまじめに話そうとしていることは、一見逆説的で非論理的、テーマがかけ離れているように思われるかもしれません。しかし、私はこのことにも充分に注意を払ってもらいたいと思います。

現代の学者たちは私たちが存在する惑星の外殻をいくつかの圏に識別しています。地圏、生物圏、精神圏、叡知圏などです。あらゆる創造的プロセスは精神圏、つまり人類の精神的活動の領域と結びついていることは疑う余地はありません。あらゆる精神的形象、なによりも私たちが一番関心を持っている芸術的形象は、私たちの精神的活動と結びついているのです。

すでに話したように、人間の精神的活動には四つの基本レベルがあります。無意識的、潜在意識的、意識的、上部意識的。

戯曲を手にしたとき、まずは意識的レベルで書かれた作家の芸術的形象が見えます。戯曲を読んでいる時、私たちの感知の潜在意識的レベル、つまり私たちの精神的活動にスイッチが入ります。一番興味深いのは、精神圏、上部意識的レベルにおいても同じように戯曲の芸術的形象が存在しており、それは客観的でわたしたちの外部にある、ということを学者が証明していることです。

創造のプロセスとは、私たちの内部と外部にある二つの芸術的形象を融合するためのものです。が、どうやってそれを実現したら良いのでしょう。

磁石の原理に例えてみましょう。私たちは、私たちの外部にある芸術的形象にまで登りつめることは不可能ですが、磁石が金属を引きつけるように、私たちがその芸術的形象を引き寄せることはできます。私たちは自分の欲するものを引き寄せる力のある磁石のようにならなければならないのです。私たちは戯曲の芸術的形象の種がまかれる肥沃な土壌にもならなければなりません。そして私たちの思考と感情は戯曲の作者の思考と感情に共鳴し合わなければなりません。似たものは似たものを引き寄せます。精神的磁石が普通の磁石と違うのは、同極を引き寄せることです。このことは非常に素晴らしく、日常の精神生活でたまったものを浄化する方法に生かせます。

そして分かってもらいたいのは、重要な磁石、それは〈こころ〉であり、〈こころ〉の感覚的知識であり、精神エネルギーの放射と受容であるということです。

この磁石はどのようなはたらきをするのでしょう？

それは思ったことを行動に具体化するのです。もしあなたが自分の創造的能力の成長の道に立とうとするなら、この道は磁石としての〈こころ〉の理解なしには不可能だということを分からなければなりません。

普段の生活であなたがどんな行動をとる場合でも、それが特に芸術の場合ならば、行動の質に特別の注意をはらって下さい。質というものによってあなた自身の本質、あなたの行動の本質そのものが決まるのです。

行動の基本的な質は七つあります。よく覚えておいて下さい。もし行動をとる際に、あなたに多くの前提条件や追加条件が必要となったら、あなたはきっと間違った行動の方向を選んでいるということを知っておいて下さい。あなたの中にすでにあるもので対応するように努力するべきです。

行動は考えぬかれたものでなければなりません。これが行動の一つ目の質です。

二つ目の行動の質、それは行動の柔軟性です。真の行動は無数の可能性を持っています。

三つ目の行動の質、それは行動の意外性です。行動とは意外で、独創的で、新しい発想の結果でなくてはなりません。

四つ目の行動の質、それは行動の捉えどころのなさです。行動はあらゆる反作用の先を行きます。行動は人生そのもののようにひたむきなものです。

五つ目の行動の質、それは行動のもつ説得力です。実行された行動が完結しているということに、誰も疑いを抱くようなものであってはなりません。一つ一つの行動は最終的なものになりえます。

六つ目の行動の質、それは行動の法則性です。行動はその本質において倫理的かつ美的でなければなりません。

七つ目の行動の質、それは行動の素直な衝動です。

行動の基本には感覚的知識がなければなりません。

そしてさらに、心理的および身体的行動は分離できないことを覚えておいて下さい。もし心理的行動をとることが難しければ、まずは自分にとって一番単純で、はっきりした、ごまかしのない身体的行動から始めることを学びましょう。その際も自分の行動の質を忘れないでください。もし単純な身体的行動を取ることができたら、自分のこころ、理性、身体をごまかさずに、それを最後まで遂行するのです。そうすれば小さな行動に続いて大きな真実の行動がやってきます。スタニスラフスキーはこう言っています。

裏付けがあり、合理的に、生産的に行動しなければならない。

受容することについて。

まさに受容することが、創造の基本中の基本です。受容することこそが、あらゆる芽生えの肥沃な土壌となります。受容することなしに進歩はありません。私の経験を言えば、俳優が受容することの基本を身につけるのは難しいようです。

受容するための重要な基本は三つです。

最初の基本は注意です。スタニスラフスキーは注意ということに大きな意味を見出しています。興味があればこのことに関して、彼の本を読んでみてください。

二つ目の基本は集中です。スタニスラフスキーは言っています。

役を準備する際も、その役を繰り返し演じる際も、舞台創造は、俳優の身体的、心理的能力を総動員させて、俳優の全精神性、身体性が完全に集中することを要求する。

完全な集中は身体、思考、理性、意思、記憶、想像を掌握する。

三つ目の基本は「驚くこと」です。私の経験では、驚かないで受容すると、その過程は完結しない、ひからびた、形だけのものになります。内面的驚きは人をオープンにし、無邪気にし、新鮮に受容させてくれます。すでに十年もの間、私と私の俳優たちはこのように驚きをもって受容する方法を使っています。その結果は私にとって充分に面白いものになっているので、あなたにも是非この方法をおすすめします。

戯曲の読み方について

まずは、戯曲そのものがこれから創っていく芝居の種になるということを知っておかなければなりません。戯曲には芝居の全ての構成要素が組み込まれています。遺伝子コード、精神的本質、そしてあらゆる物質的な部分。

戯曲を読み込むのは非常に難しいことです。戯曲は偏見を持たずに読まなければなりません。多くの俳優、演出家のよくする間違いは、戯曲を読み込もうとしないことです。なぜそうなるのか説明をしてみましょう。

彼らの誰しもが自分が気にかけているテーマ、問題、着想というものを持っています。そして戯曲を読む代わりに自分のテーマ、問題、着想の証明を探してしまい、戯曲の中でそれらが見つかると、その作品はもうすでに自分のもので、芝居を作る準備が整ったと考えてしまうのです。この点が大きな間違いです。スタニスラフスキーの友人であり、同僚、同志であったネミロヴィッチ＝ダンチェンコ*は、モスクワ芸術座の演出家たちに戯曲の読み方を系統的に教えるのに人生の大半を捧げました。ロシア屈指の演出家トフストノーゴフ*はこう言っています。

もし君が戯曲の中に自分の着想の証明だけを探すのであれば、自分で戯曲を書きたまえ。

戯曲との最初の出会いというのは、土に植える前の種の選別に似ているように私は感じます。種にも生きているものと死んでいるものがあります。種を選別する際にはまずは水に浸し、そして水面に浮かび上がってきた種は蒔くに値しません。戯曲の場合はどのようにするか。

最初に読んだとき、その戯曲が説明のつかないかたちであなたの魂、あなたのこころの深い部分に触れてきたら、その戯曲は生きています。その場合、その戯曲の一番最初の感想を書きとめておきましょう。それは支離滅裂でも構いません。ただし、わざわざその戯曲の内容やあなたの中で湧いてきた考えを書こうとはしないことです。感覚的な感想だけを書くのです。明るい、優しい、泣きたくなる、嬉しい、笑えるなど。そしてそのメモは保管しておきましょう。それは必ずあなたに役立ちます。

役を分担した戯曲の読み方。

この過程は種を育てていく過程になぞらえることができます。役を分担した戯曲の読み方が正しければ、将来の芝居の成功は半分以上保証されたようなものです。偏見なく戯曲を読むことを心がけましょう。私はこれを電報的な読み方と呼んでいます。

このように読むのは経験豊富な俳優でさえ難しいことを私は知っています。しかし、より上手く読もうとする俳優の自然な欲求は、戯曲の精神に修正不能な害をもたらしかねません。役を分担して初めて戯曲を読むときは、（色のつかない）俳優自身の声を聞き取ることが大切です。このためには戯曲のリズムを捉えることが必要となります。どんな戯曲も楽譜と同じように、根底にその戯曲にしかない独特のリズムがあります。

詩で書かれた戯曲を例にとればそれがはっきりと分かるでしょう。はるかにむずかしいのは散文調の戯曲の場合です。だから、一つ一つの音を聞き分けるかのように、まずは戯曲をゆっくりと読むことを学ばなければなりません。大変に才能のある音楽家でさえ、最初の練習からいきなり早く演奏しようとはしません。ゆっくり読む方法は十年以上もの間、私たちの劇団で推奨されてきた読み方です。

ゆっくり読むことによって私たちの一人一人が知らないあいだに、未知の文章を一文字ずつ読む子供のようになります。ゆっくり読む方法は非常に重要な創造の側面を教えてくれます。それは受容です。才能ある戯曲には貴重な真珠のような精神の種が備わっています。この種が見えてくるためには、私たちは作品とのリズム的な共鳴状態に入っていかなければなりません。そのためには、私たちに忍耐と日常生活から浄化された受容が必要となります。

そして覚えておいてください。繊細なものだけが繊細なものを受け入れられます。最も繊細なものは最も繊細なものを目指します。戯曲の精神の種は磁石として似たような振動だけを引き寄せるのです。その振動と響き合うために助けてくれるのがリズムなのです。

戯曲の読み方を種の育て方になぞらえたのもたまたまではありません。この際の土壌は私の劇団であり、私自身、そして私たちの周囲にいる人々です。忘れてならないのは土壌にも肥えたもの、痩せたもの、石だらけのもの、砂地のもの、乾いたもの、湿ったものなどがあり、それによって育てる過程が決まることです。この過程は超課題を感覚的知識として感じとることによって完結しなければなりません。しかしこれだけではまだ将来の芝居の小さな芽に過ぎません。

木という将来の芝居を想像してみましょう。戯曲の種からしっかりとした根が生える。この木の根が作者の感覚的知識です。その木の幹となるのが戯曲の貫通行動、枝になるのが俳優＝役の貫通行動、葉になるのが俳優の感覚的知識、実となるのが将来の芝居の芸術的形象です。この木の絵を描いてみましょう。これは私たちの夢の木、将来の芝居です。この木（将来の芝居）をどう育てていくかは後で話しましょう。

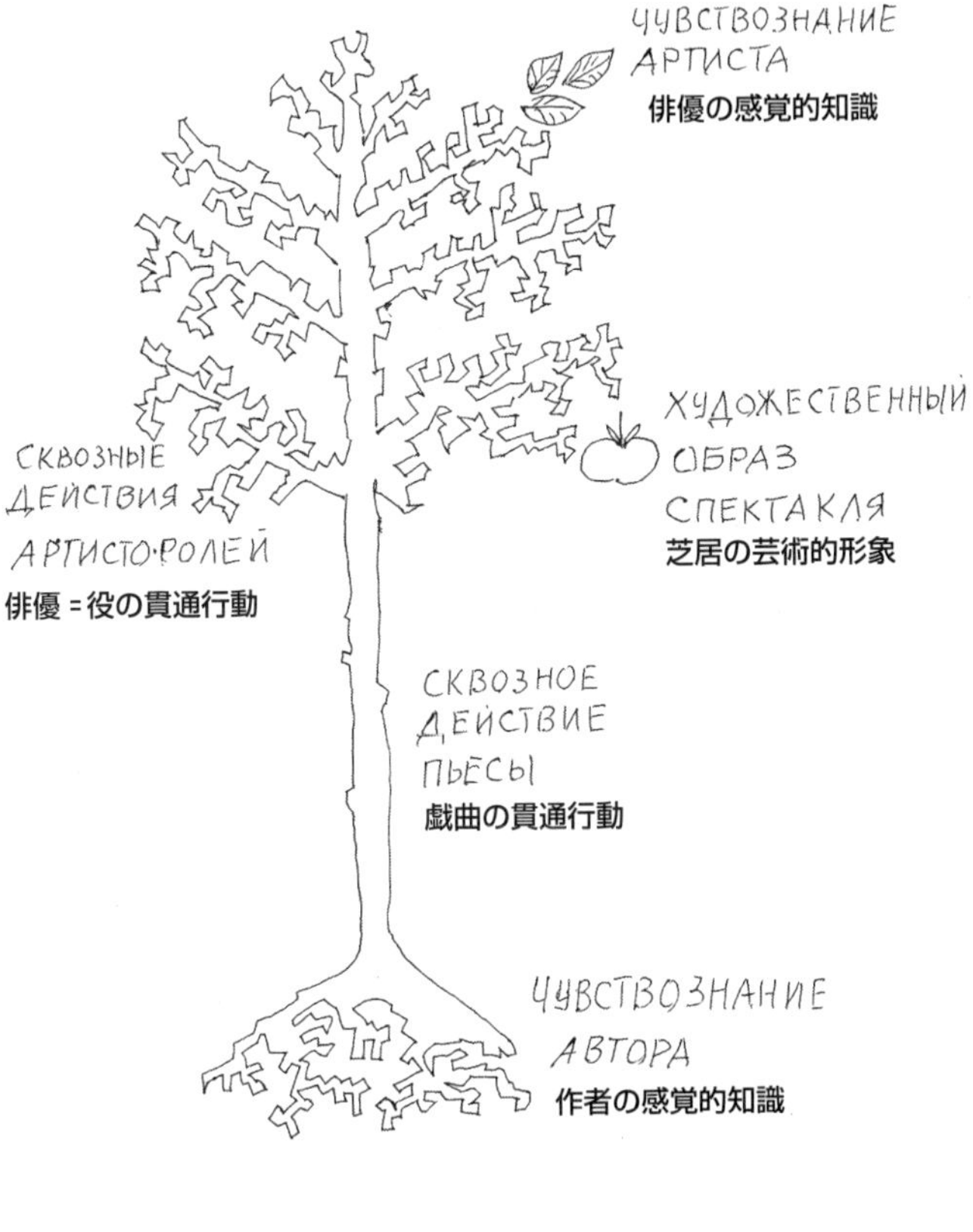
ЧУВСТВОЗНАНИЕ
АРТИСТА
俳優の感覚的知識
ХУДОЖЕСТВЕННЫЙ
ОБРАЗ
СПЕКТАКЛЯ
芝居の芸術的形象
СКВОЗНЫЕ
ДЕЙСТВИЯ
АРТИСТО-РОЛЕЙ
俳優＝役の貫通行動
СКВОЗНОЕ
ДЕЙСТВИЕ
ПЬЕСЫ
戯曲の貫通行動
ЧУВСТВОЗНАНИЕ
АВТОРА
作者の感覚的知識

第六図　芝居の木

戯曲の正しい読み方と受容は作者の超課題を認識させてくれます。作者の超課題というのは、私たちの創造において非常に重要、かつ必要不可欠な概念です。スタニスラフスキーはこう言っています。

超課題から作家の作品が生まれる。俳優の創造はそこに向かっていなければならない。

超課題とはなんでしょう。まずはそれが何から生まれるか説明しましょう。

それは作家の具体的な感情と知識から生まれます。もっと正確に言えば、作家のある一つの具体的な感情と、ある一つの知識から生まれます。つまり、感覚的知識からなのです。感覚的知識は目的をはっきりさせます。だからスタニスラフスキーは超課題のことを「例外なくすべての課題がそこに統一され、精神的生活の様々な機動力や、俳優＝役の自己感覚の要素を創造活動へ向かわせる重要で包括的な目標」と名づけています。

超課題を理屈からひねりだすことはできません。超課題へは〈こころ〉を使って近づくことができるだけなのです。〈こころ〉を感じるように、超課題も感じ取ることが出来ます。超課題、それは戯曲の魂です。それなしでは戯曲は死んでいます。超課題、それは感情、思考、意思という原動力をすべて牽引する磁石なのです。スタニスラフスキーもこう言っています。

超課題が天才的であれば、その牽引力は極めて強く、天才的でなければ、牽引力は弱まる。

作者の超課題を感じることが、どれほど重要かを考えてみてください。今までに私は、超課題を観念的に理解する俳優や演出家に数多く出会ってきました。そのような観念的な超課題は創造を妨げ、脱線させ、すべての芝居作りの過程をダメにしてしまいます。

さらに、超課題、それは戯曲の〈こころ〉である、とスタニスラフスキーは言っています。超課題は戯曲の精神の種から育っていきます。しかし、精神の種については語ることは不可能です。ただ、戯曲はどのような真理を描いているかという問いかけを通してであれば、この概念について間接的に説明ができるでしょう。宇宙的であれば、存在の有無、混沌と調和など。全人類的であれば、愛と憎しみ、信仰と無信仰など。社会日常的であれば、豊かさと不満、成功と失敗など。

戯曲を偏見なく読み進める中で、これらの概念に対する作者の関わり方を理解するよう努力しましょう。そうすればあなたは作家自身の倫理感について知ることができるでしょう。そして戯曲によってはあなたのこころに響かないこともあるでしょうし、また作者について、あるいは自分自身についてより多くを知ることができるかもしれません。

役と芝居の育成

ここまでのあなたとの対話で私の考え方やスタニスラフスキーシステムの基本的原則について知ることができたでしょうから、ここから一番重要で、濃密で、私たちが一番関心のある過程についての話に移りましょう。

それは役と芝居の育成のメソッドについてです。

育成過程において一番本質的なことは、戯曲作品は演劇芸術作品に変貌するという条件です。自然現象との連想から四つの基本的条件を話しましょう。

木の育成には、土壌、水、空気、太陽が必要です。役の育成には身体的自己感覚、気分、目的、献身が不可欠となります。

これらの条件について一つずつくわしく話していきましょう。

身体的自己感覚についてはスタニスラフスキーの本、「自分に対する俳優の仕事」「役に対する俳優の仕事」の中で多くを知ることができます。役を育成するためのこの条件について何点か強調しておきます。

第一点、身体的健康。スタニスラフスキーは、正しい栄養、衛生、体操についてふれています。

第二点、仕事における身体的自己感覚。必ず筋肉がリラックスし、正しい動作、身体的記憶、呼吸などなどが必要です。

第三点、これはスタニスラフスキーが身体的行動のメソッドと呼んでいるものです。

さらに気分について。

気分、この条件も非常に重要です。スタニスラフスキーは自分の本の中の「倫理」という章を、いかに気分をつくるかということにほとんどを費やしています。気分とは、個人の精神的生活の肯定的あるいは否定的な感情を背景として現れる、穏やかな、または弱い度合いの比較的長い間変わらない精神状態として定義されています。スタニスラフスキーはこう言います。

劇場の通用口に私ならこう書いて掲げる。

〝より軽く、より単純に、より高く、より陽気に〟

そして、気分は視点を生み出します。私たちの行動は気分によることが非常に多いです。

気分次第で私たちは一つの情報を様々な視点から受け止めることができます。あなたがどのように戯曲を読み、その中に何を見、何を感じるか、それはすべてあなたの気分しだいです。長い稽古過程の中で役作りは様々な日々を経ていきます。一回の稽古の流れの中でも気分を維持しなければなりませんが、これだけでも簡単なことではありません。日常生活に気分を変えられた時でも、稽古においては前回の稽古の題材に戻らなければならないですし、前回のシーンやエピソードを繰り返すことをしなければなりません。そのようにして役をいろいろな方向から研究するのです。繰り返しは学習の母です。

目的の存在について。

もし身体的自己感覚や気分を、芸術作品を育成する上での土壌と水とするならば、創造の空気となるのが目的、または超課題である、とスタニスラフスキーは定義しています。超課題についてはすでに説明しました。今度は目的について話しましょう。

創造の超課題は自分自身、つまり「私」ということです。簡単に言えば、何のためにあなたは稽古に参加するのかということです。目的によって、あなたの仕事に対する意識のレベルを決めるのです。身体的ならびに感情的レベルと違って、このレベルはあなたの意思力を強め、あなたの意識を拡大し、もしかしたら創造そのものに対するあなたの態度を変えることを要求します。

覚えているでしょうか、意識には四つのレベルがあるということを。そのうちの三つの意識レベルをみてきました。無意識的レベルとしての身体的自己感覚、潜在意識的レベルとしての気分、意識的レベルとしての目的の存在。そして上部意識的レベルで同時に役を育成しようと努力することが、芸術に対する献身です。

芸術に対する献身について。

私たちの惑星において太陽が全生命の源であるように、献身することは芸術作品を育てる基本条件であり源です。それはなぜでしょう。

真の愛は厳粛さの中に集約されるからです。献身がなければ愛はありません。献身することの神聖なときめきを体験しない者は、偏見から逃れることはできません。

偏見、それはあらゆる創造の敵です。なぜなら偏見は否定的観点へと導くからです。

そしてさらに、ここが一番肝心なところですが、芸術に対する献身、それは天啓を得るための重要な条件です。それに、天啓を得るということが特別なインスピレーションに満ちあふれた状態として古代から理解されていたのです。ヴェーダや宗教文学では、天啓を得ることは人間の精神生活の頂点として特に注意を払っています。つまりそれは人間の本質と神的なものとの融合です。献身的になることのお蔭で人間は常にインスピレーションを得ている状態にいることができます。私たちが知っておかなければならないこと、それは運命とは私たちの成長の一種の通路のようなものだということです。この通路の空間がインスピレーションの空気に満たされます。私たちの創造上の問題点は、私たちがこの精神的通路の範囲から逸脱してしまうことなのです。だからこそ私は創造的過程においてあなたが守るべき道について話したのです。献身することがその道を歩む助けとなるのです。

人に見惚れる

あなたとの対話の最初に戻りましょう。

なぜ私は何年にもわたって、人に見惚れるということを考えてきたのでしょう。じつは、この概念に私を導いたのは私の師であるスタニスラフスキーです。彼は私に芸術に対する新しい見方を与え、人間に対する私の意識と、そしてこれが一番重要なのですが、創造的過程への意識を変えてくれました。

説明しましょう。東洋文化においては古くから内観を通して現実を受け入れるという瞑想的な方法が存在しています。内観は「無心」と呼ばれるような深い集中、こころの深い部分へ入り込んでいくことを可能にします。内観は人を環境や自然の美に対し敏感にし、自然とのより密接な接し方や、人体の中でのある特定の神経中枢を開くことを教えてくれます。内観の技術は自然と人間のエネルギー原理やそのエネルギー的な結びつきを教えてくれます。そうみると内観とは自然エネルギーを受け取って、受け入れて、自己のものとすることとも言えます。

内観と違って、見惚れる過程においてはエネルギー的結びつきが双方向的になるということです。つまりエネルギーの交流が起こるのです。

すでに知っているかもしれませんが、人間によって創られた音楽は、植物の成長に影響します。そこで、人間、それは自然の一部であるということを思い出してみましょう。つまり、内観や見惚れることは人間に対しても可能なのです。そのことをまさに師であるスタニスラフスキーが私に気づかせてくれたのです。私たちの芸術においてはこのことが特に重要なのです。なぜなら私たちは直接的に人と交わるからです。

俳優と、演出家と、観客と。人間に対する関係を、素晴らしい花に対するように、実をもたらす木に対するように、自然の一部に対するようにすることがスタニスラフスキーシステムの革命的発見となったのです。システムの根底には自然のエネルギー原則とその相互関係の発見があるのです。

エネルギー交流の原則として見惚れることは、創造に対して新しい視点を開き、芸術家、俳優、クリエイターのエネルギー的ポテンシャルを引き上げる可能性をもたらします。そしてその過程においては、さまざまな種類のエネルギーを転換することができる中枢が大きな意味を持ちます。そのような転換器となるのが我々の意識とこころなのです。

もうすでにこころと感覚的知識については何度も話をしてきました。今度は役と芝居を育てるということを考慮に入れて、この点について話をしましょう。師はこう言います。

種から植物が育つように、作家のある一つの思考と感情から彼の作品が育っていく。

役作りや芝居の創作のすべての過程には三段階あります。

第一段階、戯曲の読み。

第二段階、役と芝居に対する仕事。

第三段階、観客との共同創作。

成育の全過程は作家、劇作家の感覚的知識から俳優、俳優＝役の感覚的知識までの動きのように定義できます。作者の感覚的知識は彼の超課題です。劇作家の超課題を実行することが私たちの活動の目的であり、それを達成するまでの全道程をスタニスラフスキーは貫通行動と名付けています。

貫通行動、それは劇作家の感覚的知識からあなたの意思を使って、役と芝居の意味を直感的に感じ取ろうとする運動のことです。貫通行動は全てのあなたの努力、欲求、課題を一つにまとめることができます。スタニスラフスキーはこう言っています。

……そうでないと、アポロ像を粉々に砕いてそのカケラの一つ一つを見せてごらん。そのカケラが見ている人を魅了するだろうか。

そしてさらに。自然の全ての過程が繰り返されるのであれば、あらゆる創造の過程も無限に繰り返される、という相似性の原理に従うということを理解することが大切です。だから、どの段階で仕事をしても、あなたは常に超課題に近づくことを目指さなければなりません。理想的には作家の感覚的知識があなたの感覚的知識になることです。

私たち一人一人には二つの運動方向があります。取り込む道（閉鎖）と浄化の道（開放）です。残念なことに、多くの場合は私たちに前者を教えます。つまり知識、物質、経験を取り込むということです。しかし創造にたどりつくには、浄化である自己開放という後者の道だけが可能なのです。私は俳優や演出家たちの稽古をくり返し見てきました。私自身も数多く稽古過程に参加してきましたが、しょっちゅう目の当たりにした光景は、芸術家たちが知らない間に情報をどんどん増やし、不必要な知識をたくさん詰め込み、気づかないうちに最初の真摯な欲求から状況分析という終わりのない苦しい段階に陥り、どんどん疑念、憶測、情報のさまざまな組み合わせという奈落にはまっていくというものでした。

それではどのように稽古を進めるのか、それについての私の考えを述べてみましょう。

自分が園芸家だとイメージしてみてください。もうそれだけであなたから余計な気苦労を取り除き、あなたの時間を拡大させ、自然なものにしてくれるでしょう。作業に与えられた期間は短いなんてことに捕われなくて良いのです。時間というのは変容する概念だ、ということはすでに証明されています。期間を短縮することが時間そのものを制限するということを意味するわけではありません。覚えておいてください。あなたには常に時間が十分あるのです。もしあなたが、土壌を肥やし、種を植え、水をやり、接木をし、肥料をやるという園芸家のやる段階を一つでも見落とせば、あなたは実を得ることはできないでしょう。しかもその際、全てのきめ細やかな配慮もしなければならず、成長を注意深く見守り、植物を愛さなければ、果実は不完全でマズいものになるかもしれません。こういう成育方法のよいところは、もたらされた実があなたの魂の中、他の俳優たちの魂の中に将来のための種を残すということにあります。

では園芸家が持たなければならない質とはどんなものでしょう。私は七つの重要な質があると思っています。

一、感じる質を成長させましょう。自分自身、自分の〈こころ〉をきき取れるように学んでください。

二、忍耐の質を成長させましょう。忍耐はかならず報われます。

三、エネルギーの質の違いを見分けられるようになりましょう。その質の違いに細心の注意を払いましょう。
四、想像の質を成長させましょう。
五、見惚れている対象と交流する質を成長させましょう。
六、共通の尺度を見出す質を成長させましょう。
七、自然のリズムの質を認識しましょう。

仏陀の教えの「中道」（相互に対立する二つの極端な概念に偏らない実践や認識のあり方）やプラトンの「倫理学」の中にも自然のリズムについての教えを見出すことができます。

スタニスラフスキーシステムは二十世紀初頭に新しい芸術の分野を育て上げるための土壌となりました。私はこの芸術の分野をドラマ芸術と名づけます。これは演劇の一ジャンルとしてのドラマから連想されたものではなく、人間精神の特性としての「ドラマ性」という概念から生まれたものです。ドラマ芸術は悲劇から笑劇というあらゆるジャンルを包括します。しかもドラマ芸術においては私が言う人間精神の特性、スタニスラフスキーの言う人間の精神生活というものに特別な注意を払います。

ドラマ芸術は舞台（シアター）芸術から成長したのは間違いありませんが、性格や目の色などにおいて親子でも似ていない場合があるように、ドラマ芸術も舞台芸術とは違いがあります。舞台芸術については多くが語られており、私はそれを繰り返そうとは思いません。ただ、今はあまりにも多くのことが舞台（シアター）と呼ばれているということに注目してみてください。それはシェイクスピアの「世界は舞台だ」に始まり、ファッションショー（mode theater）や戦場（army theater）に至るまでです。だからドラマ芸術は舞台芸術と区別されなければならないと私は思っています。

私の師の意見によれば、ドラマ芸術において重要なのは、追体験*、具現化、そして人間の精神生活です。

さらに、ドラマ芸術において俳優＝役は、芸術家、創造者となるだけでなく、生きた芸術作品、つまり見惚れられる対象となるのです。断片的に人に影響を与えると感じさせる催眠や霊能と違うのは、演劇芸術は戯曲作品の論理と整合性の中で影響を与えるということです。それ以外に演劇芸術は何人かの俳優の精神エネルギーが同時に作用するということも示唆しています。世阿弥はこう言っています。

心より心に伝わる。

この表現は世阿弥の時代の有名な「以心伝心」という言葉に通ずるものであり、現代の日本語においてはテレパシーと同義だと理解されることもあります。

何ごとにおいても運に恵まれる、ということをあなたは強く望んでいることでしょう。この運の女神について、そして我々の創造にどうやったら運を引き寄せることができるのかということについてあなたの考えを聞かせてください。

運を育てることはできるのでしょうか？

それは疑いなくできます。私の議論があまりにも逆説過ぎるなどと思わずに、私を理解しようとしてみてください。

運というのは常になんらかの不満から育っていきます。満足は精神の死なのです。それは創造を例にするとはっきりします。なぜなら満足してしまったら創造そのものがなくなってしまうからです。創造というのは、新しいもの、未知のものの組み合わせを絶えず模索することなのです。まさに不満が我々を模索へと、現実を表現する新しい形の探求へと押し出してくれるのです。探求は様々な種類のエネルギーを成長させ、精神エネルギーに凝縮されます。精神エネルギーの凝縮された果実、それが運となるのです。

あなたのために運という木を目に見える形として描いてみますが、私の大胆さを許してください。

それがあなたの役に立つように。

それがあなたに運を引き寄せるように。

私の師スタニスラフスキーのシステムについては長く語ることができます。このシステムは発展において終わりが無く、創造の認識において際限がありません。

晩年スタニスラフスキーは、残念ながら自分の本を新しく書き直すにはもう時間が残されていない、ということを何度も口にしていました。

それは間違ったことを書いたということではなく、知識の新しい種が出現し、新しい発見をし、大胆な夢を抱くようになったからです。

スタニスラフスキーは未来に生き、探求し、創造し、いのちの意味を見出すであろう私たちのことを考えていました。彼は私たちの現実世界、科学や技術の発展を予見し、文明の発展が芸術の進歩に寄与すること、またそれが人間の精神的成長を抑圧しないことを望んでいました。

舞台芸術というのはもともと総合的です。科学や技術は新しい技術的可能性を与え、より完成された照明や音響装置が出現し、コンピューターシステムに変わっていき、人間、俳優、芸術家に対して、どんどん注意が向けられなくなってきています。

芝居はますます演出が優勢なものになり、芸術性が薄れ、表面的なものが人間の精神生活に取って代わるようになってきています。舞台芸術は一部の人々のための無意味な気晴らし的なものになっています。映画、ビデオ、インターネットの発展は、真の創造を排除

創造的エネルギーとの相互関係
СООТНОШЕНИЕ
ТВОРЧЕСКИХ
ЭНЕРГИЙ
КОНДЕНСАТ
ПСИХИЧЕСКОЙ
ЭНЕРГИИ
精神エネルギーの凝縮
УДАЧА
運
ИСКАНИЕ, ПОИСК
ТВОРЧЕСКИЙ ОГОНЬ
創造的炎
ТВОРЧЕСКАЯ
НЕУДОВЛЕТВОРЕННОСТЬ
創造的不満

第七図　運の木

して、その代わりに人生の醜悪な面そのもののようなビデオクリップ的思索や漫画を提供したのです。

創造性が不十分であるために私たちは残酷さ、自己愛、エゴイズムという深淵の瀬戸際にまで追い詰められているのです。技術文明の物質的便利さは人間のこころを残酷にしています。感覚的知識は乾いた、冷たい知性と理性的行動に取って代わられています。

私はあなたとのこの対話が、あなたに正しい道を選ばせるのに役立つことを期待しています。

創造はよろこびです。

よろこびは幸福です。

あなたが今手にしているこの本の中には、私自身の手でたくさんの木が描かれています。もしそれを集めたら、小さな茂みかちょっとした庭になるでしょう。一本一本の木、それはあなた自身です。あなたの中で進行する正確なプロセスは、すべて一つの方向に向かって成長していきます。

それは完成への道です。

その道を恐れずに進みましょう、困難さに捕われることなく。私たちに代わって多くのことを自然そのものがやってくれます。自然に任せるのです。自分を自然に委ねるのです。自然に自分のこころを開くのです。自然はあなたを愛しています。その庭を育てることを続けましょう。その種はあなたのこころの中に生きています。その種の面倒を見て、見惚れて、力を惜しまず働いて、精神エネルギーを放射し、そしてそのエネルギーを完成させるのです。

日常性を超えてみましょう。

あなたの庭の枝が太陽に向かって伸び、根が生活の良い流れから栄養を得るようにするのです。

そしてさらに、

人を表す古代中国の漢字は三本の線から成っています。二本は平行で天と地を表し、一本は垂直でその二つを結んでいます。「農夫」の意味を表すときは地の線が長く、「戦士」のときは天の線が長くなっています。精神の戦士となりましょう。

そしてさらに、

もしあなたに服一着分の布が与えられたら、その半分だけでは服全体を作ることは出来ません。同じように、もし助言の半分だけをやっていたら、完全な結果は得られません。人は助言の一部を取り出すのが好きで、後々希望が叶えられなかったことを愚痴ります。

適切な助言は成分を変えてはいけない薬と一緒なのです。

第二部　スタニスラフスキーシステム用語*99の謎

1　役者的エモーション（情動）

エモーション（情動＝心理学的概念）とは、自分の周りの世界や自身に起こったことに対する偏った（主観的）反応。

A「私は、単純な役者的エモーション――舞台での絶叫的表現でヒステリーの一種――を本物のインスピレーションの発露と受け止めていた。……私は考え違いをしていた」（1巻114頁）

B「役者的エモーションは、真のエモーションではなく、舞台で役を本当に生きることでもない。これは身体の辺縁部を人工的に興奮させることである」（2巻38頁）

C「このタイプの俳優は、単なる舞台的な職人芸をしているに過ぎないことを自覚せず、自分たちが真の芸術に奉仕していると信じがちである」（2巻39頁）

役者的エモーションとは、スタニスラフスキーによれば、感覚や感情を、身体の辺縁部の人工的な興奮で置き換えることである。

2　分析

分析（哲学的概念）とは、対象（現象、過程）、対象の性質、または諸対象間の関係を部分（兆候、性質、関係）に、頭の中でまたは実際に分解することである。（『美学』事典　モスクワ〝ポリトイズダート〟一九八九年）

A「分析は、戯曲の中の事物を解剖し、切開し、観察し、研究し、評価し、認め、否定し、確認する、また基本的なラインと思考を見つけ出す」（4巻227頁）

B「分析の過程は理性的な過程のみではない。そこには、俳優が本来持つ他の様々な要素、能力、性質が関わってくる。それら、とりわけ感情には、それが現れるための最大限の自由と可能性を与える必要がある。分析とは、認識の手段であるが、私たちの芸術では、〝認識とは、すなわち感じること〟である。それゆえ、分析の過程では、理性を注意深く、上手に使用しなければならない。分析において理性の持つ役割は、多くの人が考えているよりも、より限定されたものである」（4巻229頁）

分析とは、スタニスラフスキーによれば、俳優の感情の助けを借りた、戯曲と役の意識的な認識の過程である。

3　アンサンブル（芸術的調和）

アンサンブル（美学的概念）とは、俳優や音楽家、舞踊家たちによる舞台的、視覚的作品の統一のとれた演技のことである。（『美学』事典　モスクワ〝ポリトイズダート〟一九八九年）

A「私は、混沌の中では芸術はあり得ないことを確信した。芸術とは秩序と調和である。つまり、芸術家もしくは芸術家集団が一体となり、完結し、調和し、整然としていること、舞台作品の全ての参加者と創造者が一つの共有の創造的目的に従って行動することが重要なのである」（1巻85～86頁）

B「私たちが愛されるのは、明確で興味深い超課題とそこに導く貫通行動を持つ上演作品においてである、という文句で私は全ての質問に答えるであろう。この文句には全てが含まれている。すなわち、アンサンブルも優れた俳優も作品の理解も」（『論文、スピーチ、談話、書簡』656頁）

C「それでは、なぜ私たちにアンサンブルがないのか？　それは、私たちが貫通行動のラインを進んでいないからである。ある者は奇抜な手法に、ある者は台詞の発声に、またある者はミザンスツェーナ（ミザンセーヌ）に没頭している。20ものラインはあるが、どのような状況下でも俳優が舞台上で常に進まなければならないラインはひとつとしてない」（『論文、スピーチ、談話、書簡』662～63頁）

アンサンブルとは、スタニスラフスキーによれば、芸術家のグループが共通の目的とその目的を達成しようとする志向をもって結束していることである。

4　俳優＝役

俳優＝役とは、スタニスラフスキーの用語である。

A「役を生きる芸術（ペレジヴァーニエ芸術）の創造の結果として生まれてくるものが生きた存在である。それは、作者が生み出した人物像の鋳型を作ることでもないし、我々が実際に知っている俳優の人物像の鋳型を作ることでもない。新しい創造物とは、それを孕み、生み出した俳優の特徴、またそれをもたらした役の特徴を兼ね備えた生きた存在である。新しい創造物とは、精神的にも肉体的にも役であり、俳優でもある。これは、計り知れない自然そのものの法則に従って、人間＝役と人間＝俳優の精神的な、また肉体的な有機的要素が融合することにより唯一生まれ得る、生きた有機的な存在なのだ」（6巻81頁）

B「俳優が『どこまでが役で、どこまでが自分なのか』見分けられないほど、自分の中ですべてが融合しているとき、そのときこそ、本物の創造が始まるのだ」（『論文、スピーチ、談話、書簡』686頁）

C「肉体はあなたのもの、動きもまたそうである。しかし、課題やそれらの内的な意図、論理と順序、提案された状況は、借り物である」（4巻331頁）

俳優＝役とは、スタニスラフスキーによれば、役を生きる過程において生み出された、新しい生きた人格である。

5　無対象行動

無対象行動とは、スタニスラフスキーの用語である。

A「私は、君たちに『無対象行動』から始めることをすすめる。君たちから一時的に実際の物を取り上げよう。物が無いと、より慎重に、より深く身体的行動の本質そのものを探究し、研究せざるを得なくなる」（2巻187頁）

B「俳優のためのこれらの練習は、歌手の発声練習と同じである。発声練習は音声に正しい方向づけをし、『無対象行動』は、俳優の注意に正しい方向づけをする」（2巻386頁）

C「俳優には、このような練習が必要である。俳優に、小さい細かい行動のひとつひとつを潜在意識の入り口まで行きつけるように練習させる。小さな行動によって、私たちがインスピレーションと呼んでいるような気分にまで到達することが可能である。『今日私は気分がのっていて、上手く演じている』という状態は、君たちが小さな行動から得ることができる正しい創造的自己感覚の状態である」（『論文、スピーチ、談話、書簡』665頁）

無対象行動とは、スタニスラフスキーによれば、具体的な、外面的な提案された状況における、想像上の対象物を使った身体的行動である。

6　インスピレーション

インスピレーション（美学的概念）とは、芸術作品の創造過程における芸術家の精神的、また肉体的な力が最高に高まった状態のことである。（『美学』事典　モスクワ〝ポリトイズダート〟一九八九年）

A　「（インスピレーションや超意識についての）科学的な新発見が期待されている時代に私ができることは、インスピレーションや超意識それ自体を研究することではなく、それ自体に近づく道を研究することだ」（3巻347頁）

B　「嘘、わざとらしさ、紋切り型、そしてどぎつさは、決してインスピレーションを生み出さない。だから、自分が信じられる演技をするよう努力し、上からの啓示を受けとめるのに良い土壌を準備するよう勉強しなさい。そして、このことによってインスピレーションが君たちにとってはるかに身近なものになることを信じなさい」（2巻347頁）

C　「もしも今日、君たちの気分が乗っていないところにインスピレーションがやって来たとしたら、技術的なことは忘れて、感情に身をまかせなさい。しかしながら、俳優はインスピレーションが特別な日にしかやってこないことを忘れるべきではない。それゆえ、俳優が使いこなせるような、それに近づき得る、踏み固められた何らかの道が必要なのだ。俳優が最も容易に使いこなせ、また定着させられるような道とは、身体的行動のラインである」（4巻297頁）

インスピレーションとは、スタニスラフスキーによれば、役に対する仕事の過程において、心理的起動力としての知恵、意思、感情が最大限に集中した俳優の状態である。

7　確信

確信（哲学的概念）とは、ある知識を直接的な経験なしに、また合理的な根拠なしに受け入れること。（『哲学百科事典』モスクワ、一九八九年）

A「人間が当然信ぜずにはいられない実在の現実、実在の真実が存在しているうちは、創造は始まらない。しかし、いよいよ現れるのだ……俳優が心から、そして本当の真実よりも夢中になって信じることのできる、架空の、想像上の真実が」（1巻304頁）

B「私たちは、虚構の事物に対する、自分の関係の真実性を信じきっている」（2巻78頁）

C「私たちが舞台に立っている一瞬一瞬は、体験されている感情の真実、とっている行動の真実への確信で裏付けされていなければならない」（2巻168頁）

確信とは、スタニスラフスキーによれば、虚構の事物を本物として信じきろうとする関係の持ち方である。

（訳注　ロシア語の вера（ヴェーラ）は、本来信仰、信念を意味する言葉だが、日本ではスタニスラフスキー的な用語として確信という言い方が定着しているのでわれわれもそれを採用した）

8　内的ビジョン（視覚化）

ビジョンとは、視覚による知覚である。（S・I・オジェゴフ「ロシア語辞典」第4版　モスクワ、一九六〇年）

A「私が夢想のテーマを指定するやいなや、君たちはすでにいわゆる内的な視線で、し

かるべき視覚的イメージを見始める。このイメージは私たち俳優の言葉で内的ビジョンと呼ばれている」（2巻83頁）

B「ビジョンには、他のもの——聴覚的、触覚的イメージが組み合わされることもある」（3巻464頁）

C「内的ビジョンは、しかるべき感覚が呼び起こす気分を生み出す」（3巻89頁）

内的ビジョンとは、スタニスラフスキーによれば、思い浮かべた現実の具体的 - 感覚的イメージである。

9　舞台での外的自己感覚

舞台での外的自己感覚とは、スタニスラフスキーの用語である。

A「自分に対する外的仕事とは、役を具象化し、その内面的生活を正確に伝達するために、身体器官を準備することである」（1巻409頁）

B「俳優は、舞台上で具象化するために必要な自分のすべての身体器官を、整え、揉み

ほぐし、機能させるための身体的状態を呼び起こすことを習得しなければならない」（3巻289頁）

C「舞台での内的自己感覚と同様に、独自の構成要素から形成される。すなわち顔の表情、声、イントネーション、話し方、動き、身ぶり……である」（3巻269頁）

舞台での外的自己感覚とは、スタニスラフスキーによれば、具象化のための身体器官および身体が敏感で感受性が強い状態である。

10 注意（舞台的）

注意（心理学的概念）とは、ある一定の対象への意識の指向、集中のこと。

A「俳優には、注意の対象が必要である。ただし、客席にではなく、舞台上に必要であり、そのような対象が魅力的であればあるほど、俳優の注意を引きつける力は強い」（1巻101頁）

B「注意とその対象は、芸術においては、きわめて安定したものでなければならない。

うわすべりしてしまうような注意は必要ない。創造は、身体全体の完全な集中を要求する」（2巻121頁）

C「対象への注意は、その対象に働きかけたいという自然な欲求を呼び起こす。また、その働きかけによってさらに多くの注意が対象に集中する。このようにして、注意は行動と融合し、相互にからみ合いながら、対象との強い結びつきを作り出していく」（2巻181頁）

注意（舞台的）とは、スタニスラフスキーによれば、対象の内面的生活への俳優の集中である。

11　注意（感覚的）

注意（心理学的概念）とは、ある一定の対象への意識の指向、集中のこと。

A「対象そのものではなく、魅力的な想像上のイメージが、舞台上で対象に対する注意を引きつける。イメージが対象を生まれ変わらせ、提案された状況の助けによって、対象を魅力的なものにする」（2巻121頁）

B「対象を生まれ変わらせることもできなければならないが、対象に向けられる注意そのものも冷たく、知性にかたよった、分別臭いものから、ぬくもりのある、暖められた感覚的なものに生まれ変わらせることができなければならない」（2巻122頁）

C「感覚的な注意が私たちに特に必要であり、またそれは、役の〈こころの生活〉を作り出す創造活動において特に高く評価される」（2巻123頁）

注意（感覚的）とは、スタニスラフスキーによれば、対象の魅力的な特性に対する俳優の集中である。

12　舞台での内的自己感覚

舞台での内的自己感覚は、スタニスラフスキーの用語である。

A「知性と折り合いをつけるのは簡単だ。いつでも活動し始めることができる。しかし、知性のみでは不充分である。舞台での内的自己感覚としての情動や欲求、その他のすべての要素が直接熱く関わり合うことが不可欠である。これらの要素を用いて自分自身の中に役の生活のリアルな感覚を生みださなければならない」（4巻316頁）

B「〝俳優＝役〟の貫通行動におけるすべての要素の融合が、舞台のあの非常に重要な俳優の内的な状態を創り出す……それがわれわれにおける、舞台での内的自己感覚である」（4巻318頁）

C「常に正しい内的自己感覚で舞台に立つ習慣が、舞台の達人（名優）を作り出す」（6巻347頁）

舞台での内的自己感覚とは、スタニスラフスキーによれば、貫通行動において〝俳優＝役〟の諸要素が完全に集中した状態のことである。

13 意志

意志（哲学的概念）とは、活動目的を選択し、目的達成のために不可欠な内面的努力をする能力のことである。（「哲学百科事典」モスクワ、一九八九年）

A「私が教え、また正しい創造的自己感覚を作るために必要な内面的技術の主要部分は、まさに意志的な取り組みの上に成り立っている」（1巻347頁）

B「俳優には意志がなくてはならない。まず取り組むべきは、自分の意志を操る術を習得することである」（1巻67頁）

C「意志は、それが強い欲求に動かされるものでない限り無力である」（4巻290頁）

意志とは、スタニスラフスキーによれば、自らの欲求や努力を活性化する俳優の能力である。

14　想像

芸術的想像（美学的概念）とは、感知しイメージしたものを統合し創造的に作り直し、あるかのごときイメージとモデルを生み出す、意識の能力である。（『美学』事典　モスクワ〝ポリトイズダート〟一九八九年）

A「想像する、空想する、夢見るとは、何よりもまず考えていることを内的視覚で見てとることだ」（2巻83頁）

B「想像は、俳優のために本物の、信じられる、ありそうな生活を舞台上で作り出してくれる。つまりその生活が真実であることを心から信じることができる。舞台上の生活そのものでないとしてもそれがありそうだと信じられ、現実の中でもその生活が実現可能であると信じることができる」（3巻408頁）

消極的な想像とは、スタニスラフスキーによれば、想像上の生活において自分自身に見惚れていることである。

積極的な想像とは、スタニスラフスキーによれば、想像上の生活において積極的に行動する能力のことである。

15　具象化

具象化とは、あるものをなんらかの具体的な形で表現することである。（S・I・オジェゴフ「ロシア語辞典」第4版　モスクワ、一九六〇年）

A「私たちの芸術の目的は、単に役の〝こころの生活〟を創りだすことだけではなく、同時にそれを芸術的な形で外面的に伝達することでもある」（2巻27頁）

B「自然は最良の創造者であり、芸術家であり、技術者である。自然のみが役を生きるための、また具象化のための内的・外的な創造器官を完璧に支配できる。……具象化のための器官は立派に鍛え上げるだけでなく、意志の内なる命令にただちに従うことができるようにしなければならない」（3巻28、269頁）

C「最も繊細な生活、そしてしばしば潜在意識下の生活をも反映するためには、格別に感受性が強く、とても良く訓練された発声器官、および身体器官が不可欠である」（2巻26頁）

具象化とは、スタニスラフスキーによれば、〝俳優＝役〟が芸術的な形で役を生きることを外面的に表現することである。

16　自制

自制とは、忍耐力、抵抗力、自己掌握である。（S・I・オジェゴフ「ロシア語辞典」第4版モスクワ、一九六〇年）

A「舞台上で自制力のある俳優を見ることは、なんと気持ちの良いことか……。そのように外的に自制された下では、役柄がなんと明瞭に示されることか。演じられる登場人物が俳優の余分な所作でしみだらけになっていないと、その動きや行動は比べ物にならないほど大きな意味や鮮明さを持つようになる……。所作や動きを抑えても、声の抑揚、顔の表情、エネルギーの放射、すなわち感情や内面の生活の微妙な点を伝達するのに最も適したより洗練された交流手段で置き換えることができる」（3巻227頁）
B「せわしなさは、君たちが予め決められた課題を遂行するのではなく、私たちを楽しませようとするあまりに、躍起になってしまうことから生ずる。生活では、全ての事柄が遥かに根気強く最後まで行われる……。現実には早いテンポは全く違ったふうに現れる。現実の行動では、舞台上の俳優のように急ぐことはない。行動には、その遂行に必要なだけの時間がきっかり与えられる。しかも、それぞれの小さな課題が終了した後、次の課題に移る際に、あくせくするための余計な瞬間も必要としないのだ」（4巻213頁）
C「俳優にとって感情を表現するより繊細な手法を練り上げることが必要であるのと同じように、自制力も練り上げる必要がある」（1巻389頁）

自制とは、スタニスラフスキーによれば、俳優が自らの行動をコントロールする能力のことである。

17　身体の目

身体の目は、スタニスラフスキーの用語である。

A「もし、目が心の鏡なら、指先は、私たちの身体の目である」（2巻265頁）

B「指先で感じなければならない。――指にちょっと力を入れるだけで、潜在意識の入り口に立つことの妨げになることもある」（一九三五11／17　速記録）

C「重要なのは、指先を自由にすることである。そうすれば、指はしかるべき状態になる。並はずれた軽さこそが大切なのだ……」（一九三五12／5　速記録）

身体の目とは、スタニスラフスキーによれば、手の指のことである。

18 グロテスク

グロテスク（文芸学的用語）とは、幻想、笑い、誇張、また次のような奇妙な組み合わせとコントラスト＝空想上のものと現実的なもの、素晴らしいものと醜悪なるもの、悲劇的なものと喜劇的なもの、もっともらしいものと戯画的なもの、などに基づいた芸術的な形象性（形象、スタイル、ジャンル）の一タイプのことである。（「文学百科事典」モスクワ、一九八七年）

A「もし、本質が形式より大きくなれば、そのときグロテスクは……。もっとも、われわれの芸術に、残念ながら実際にはほとんどないもの、きわめて稀な例外であるものについて配慮したり気にかけたりする必要があるだろうか？」（4巻456頁）

B「真のグロテスクに関して言えば、それはたんなるキャラクター的特徴をはるかに超えるものだ。それは特殊なものではなく、創造対象の包括的な内容を余すところなく具象化したまさに芸術なのだ。真のグロテスクとは、われわれの舞台芸術の理想なのだ」（4巻457頁）

グロテスクとは、スタニスラフスキーによれば、小さな形式を通じて大きな本質を表現する絶

対的キャラクターのことである。

19　心理的起動力

心理的起動力とは、スタニスラフスキーの用語である。

A「第一の、そして最も重要な指令官、創造の先導者で起動力となるのは……感情である……ただ、やっかいなのは、感情は妥協せず、命令されることも大嫌いということだ……これこそが、創造に向けて感情がひとりでに呼び起こされない限り仕事を始めてはならず、他の司令官へ助けをもとめなければならない理由である。一体誰がこの〝他の〟ものなのだろうか？」（2巻296頁）

B「第二の司令官が見つかった。それは知恵（知性）である。知恵が創造を開始し、方向付けをする」（2巻297頁）

C「今度は第三の司令官がいないかどうか探してみよう……もし意志から来る欲求や志向が俳優の創造器官を目覚めさせ俳優の舞台上のこころの生活をコントロールできるなら、すなわち第三の司令官が見つかった。それは意志である」（2巻298〜99頁）

心理的起動力とは、スタニスラフスキーによれば、こころの生活の主要な三つの特質としての知恵、意志、感情のことである。

20　行動的分析（役の提案された状況の）

行動的分析（役の提案された状況の）とは、スタニスラフスキーの用語である。

A「戯曲の最良の分析とは、提案された状況で行動することである」（一九三六5／30　速記録）

B「かくして役の身体の生活を創り出すという私の技法の新しい秘訣であり、新しい性質は、次のようなことである。舞台上で実際に具象化されるもっとも簡単な身体的行動が、俳優がありとあらゆる想像力を働かせ、提案された状況と〝もし〜だったら〟を自発的に創り出すように仕向けるのだ」（4巻341頁）

C「感情の入らない身体的ラインは存在し得るのか？　存在し得ない。すなわち、心理的な正確なラインがすでに作成されているからだ」（8巻422頁）

行動的分析（役の提案された状況の）は、スタニスラフスキーによれば、身体的行動によって呼び起こされた、俳優の生きた感情を用いて戯曲を認識するメソッドのことである。

21 行動

行動（心理学的概念）とは、肯定的または否定的な特徴を持ち、道徳的な評価を下すことができる一定の結果に導く人間の行為の一構成部分である。

A 「大多数の俳優の間違いは、行動についてではなく、その結果についてのみ考えている点にある」（一九三五12／7「養成所生徒との授業の速記録」）

B 「というわけで、ここでの課題を言いましょう：詩人、演出家、美術家、もしくは俳優自身によって作られた状況の下で、その俳優が身体的に何をするか、つまり、どのように彼は行動するか、それを私に誠実に答えてもらいましょう」（4巻325頁）

C 「舞台上の行動は、内的にしっかりと裏付けされ、論理的で順序立っており、現実的なものでなければならない」（2巻57頁）

行動とは、スタニスラフスキーによれば、課題を形成したり遂行する過程である。

22　ディレッタンティズム

ディレッタントとは、単なる浅薄な知識だけを持ち、特別な準備をせずに、科学や芸術に取り組んでいる者のことである。（S・I・オジェゴフ「ロシア語辞典」第4版　モスクワ、一九六〇年）

A「偶然性は基礎には成り得ず、一方、基礎が無い限り真の芸術はなく、ディレッタンティズムがあるだけである」（1巻370頁）

B「熟錬無しに、鍛練無しに、テクニック無しには芸術は存在しない。これらは才能が非凡であればある程、より必要である。……ディレッタンティズムにみられるテクニックの否定は、意識的な信念からではなく、怠惰、自堕落からのものである」（4巻443頁）

ディレッタンティズムとは、スタニスラフスキーによれば、俳優が自然による創造という考え方に無知であることを意味する。

23　家での仕事

家での仕事とは、スタニスラフスキーの用語である。

A「大多数の俳優が稽古場でのみ仕事をすべきで、家では休んでもよいと思っている。ところがそうではない。稽古場では家で入念に準備したことが明らかになるにすぎない」（3巻248頁）

B「家でも役の身体的行動を稽古することができる。君たちは、単純な身体的行動のラインを決めなければならない。家で役の身体的生活を手に入れることは、それが可能というだけでなく、そうすることが必要なのだ」（一九三五11／11　養成所生徒との授業の速記録）

家での仕事とは、スタニスラフスキーによれば、単純な身体的及び心理的行動のラインに沿った役のトレーニングを家で行うことである。

24　ドラマ

ドラマ（美学的概念）とは、普通は舞台での公演を予定されている三種類の劇文学（叙事詩、叙情詩と並んで）のうちの一つである。（『美学』事典　モスクワ〝ポリトイズダート〟一九八九年）

A「こんなわけで、舞台上のドラマとは、私たちの目の前で実行される行動であり、舞台上に出ている俳優は行動をする人である」（2巻48頁）

B「ドラマの中身としては、観客の前で展開される物語という性格を常に持っている。そこではそれぞれのキャラクターに応じて全ての登場人物が何らかの形で参加し、一定の方向で発展していきながら、作者が提示した最終目的を目指して突き進むかのようである……」（6巻232〜33頁）

ドラマとは、スタニスラフスキーによれば、行動に基づいて構成される文学作品である。

25　ドラマトゥルギー

ドラマトゥルギー（文芸的概念）とは、演劇、映画またはテレビドラマのストーリー的構図的な基礎で、詳細な肉付けを伴うものであり、原則として言葉もしくは図式によって固定されているものである。（『文学百科事典』モスクワ、一九八七年）

A「チェーホフが他の誰よりもすばらしく証明したことは、舞台的行動は内面的に理解しなければならず、全ての偽の舞台的なものから解放された行動のみによってドラマ作品を構成することができるということだ」（1巻221頁）

B「劇作家は、戯曲や役の全生活ではなく、舞台上で起こることのみを提供している……作者が最後まで創りださなかったことはわれわれの想像によって作り出すことになる」（2巻313頁）

C「作家が過去や未来について述べきれなかったことを、俳優に最後まで言わせなさい」（4巻237頁）

ドラマトゥルギーとは、スタニスラフスキーによれば、内的および外的な提案された状況から形成されたストーリーのことである。

26　心理技術*

心理技術は、スタニスラフスキーの用語である。

A「これらの単純な心理・身体的法則、心理的法則は、現在に至るまで未だ本格的に研究されていない。これらの法則についての情報、研究、そしてこれらの研究に基づく実践的な練習……が欠けており、私たちの芸術を偶然の即席作品にしてしまう」（1巻406頁）

B「だからこそ、私たちの役を生きる（ペレジヴァーニエ）芸術における主要な基礎のひとつとして〝俳優の意識的な心理技術を使って自然による潜在意識的な創造を行わせる〟という原則があるのだ」（2巻23〜24頁）

心理技術とは、スタニスラフスキーによれば、俳優が潜在意識的なものを意識的に、不作為的なものを作為的に呼び起こし、引き込み、発揮させる助けとなる手法や実践的練習の総体のことである。

27　心理的起動力を働かせる心理技術

心理的起動力を働かせる心理技術は、スタニスラフスキーの用語である。

A「その（心理技術の）基本は三つの起動力（知恵・意志・感情）の相互作用によって、三つの起動力のそれぞれを、そしてまた俳優の全ての要素を自然に、有機的に呼び覚ますことにある。……これらの場合、囮《おとり》を使用することになる。囮は、各要素にあるだけではなく、各心理的起動力にも存在する」（2巻303頁）

B「知恵には、判断を呼び出す言葉、考え、イメージが直接働きかける。意志（欲求）には、超課題、課題、貫通行動が直接的に作用する。これに対し、感情にはテンポ＝リズムが直接的に作用する」（3巻187頁）

心理的起動力を働かせる心理技術とは、スタニスラフスキーによれば、囮を用いて俳優の知恵、意志そして感情を目覚めさせる手法のことである。

28　「もしも〜なら……」

「もしも〜なら……」は、スタニスラフスキーの用語である。

A　『もしも〜なら……』は私たちを現実から、創造が唯一実現可能な世界へ導く俳優のための操縦桿である」（2巻57頁）

B　「こうした時に役は存在せず……あるのは私自身である。役から来ているものは……役の生活の状況や諸条件だけで、残りの全ては私自身のものであり、私個人に関するものである」（8巻285頁）

「もしも〜なら……」は、スタニスラフスキーによれば、俳優を役の提案された状況と結びつける心理技術のことである。

29　しぐさ（ジェスチャー）

しぐさとは、より豊かな表現を与えるために、通常、言葉と共に行われる手の動きのことである。（S・I・オジェゴフ「ロシア語辞典」第4版　モスクワ、一九六〇年）

A「これらの役としての約束事、ポーズ、しぐさを、なんらかの生きた課題の遂行やこころで感じていること（ペレジヴァーニエ）の発露のために取り入れるよう努めてみよう。すると、しぐさは単なるしぐさであることをやめ、生産的で目的にかなった本物の行動に変わるであろう」（3巻41頁）

B「単なるしぐさによって役の内面的生活や貫通行動を伝えることはできない。そのためには身体的行動となるような動きが必要なのだ」（3巻226頁）

しぐさとは、スタニスラフスキーによれば、俳優の手によって表現される、身体的行動の構成部分のことである。

30 役のこころの生活

役のこころの生活とは、スタニスラフスキーの用語である。

精神（こころ）（哲学的概念）とは、非物質的な根源を示す概念のことである。（「哲学百科事典」モスクワ、一九八九年）

A「役を生きる（ペレジヴァーニエ）芸術の目的は、舞台上でこころの生活を作り出し、それを芸術的な舞台形式の中で反映させることにある。このようなこころの生活が舞台上で作り出せるのは、コメディアンの巧妙さによってではなく、俳優の真摯でうそ偽りのない感情によってである」（選集　モスクワ　一九八二年189頁）

B「それは表には出ないが、内面的に感じられる役のこころの生活であり、その生活は絶えず台詞の言葉を裏付けし、生き生きとさせながら、行間を絶え間なく流れている」（選集　モスクワ　一九八二年189頁）

C「もし、役のこころの生活が生み出せなかったら、その役の身体の生活を作り出しなさい」（4巻231頁）

役のこころの生活とは、スタニスラフスキーによれば、〝俳優＝役〟の心理的行動のラインである。

（訳注　ロシア語原文を直訳するとこの項目は「役の人間精神の生活」となる。我々は「人間精神」を「こころ」という言葉で置き換えた）

31　役の身体の生活

役の身体の生活とは、スタニスラフスキーの用語である。

A「もし、君たちが常に役のこの（身体行動の）ラインを進み、君たちが行っているひとつひとつの行動を本当に信じるなら、君たちは、私たちが役の身体の生活と呼んでいるものを作り出すことにじきに成功するだろう」（4巻223頁）

B「私たちは必要に応じて、より自然な身体の生活を通して役のこころの生活を反射的に呼び起こすことができる」（4巻272頁）

C「私がより頻繁に身体とこころの生活という二つの生活の融合を知覚すればするほど、そのような状態の心理的生理的真実をより一層信じ、役の生活の両側面をより強く実感す

るだろう。身体の生活は、種《たね》にとって良い土壌であり、その種からは役のこころの生活が育つ」（4巻327頁）

役の身体の生活とは、スタニスラフスキーによれば、〝俳優＝役〟の身体的行動のラインである。

32　台詞のおしゃべり

台詞のおしゃべりとは、スタニスラフスキーの用語である。

A「台詞は、稽古やたくさん上演される芝居の中で常に繰り返され、うんざりするほどしゃべられる。すると、発声される言葉からは意味が飛び去ってしまい、口の動きだけが残される」（3巻82頁）

B「舌の筋肉が作り出すこれらの言葉は、意識をすり抜けて発音される。この際、台詞から言外の意味が失われ、そこから言葉は空っぽで魂の入らない、冷たく、内側から暖められない、思考による裏付けのない形式的なものになっていく」（3巻439頁）

台詞のおしゃべりとは、スタニスラフスキーによれば、台詞の形式的な繰り返しのことで、その際、台詞から言外の意味が失われる。

33　課題

課題（心理学用語）とは、目的とその目的が達成され得る諸条件との一致である。（Yu・B・ギッペンレイテル「一般心理学入門」モスクワ〝AST〟一九八八年）

A「課題こそ航路を示す灯台であり、それぞれの区間で道を見失わないようにしてくれる。これは、俳優が創造活動において手がかりとする、役作りの基本的段階である」（2巻156頁）

B「君たちが舞台に立っている限り、結果を演じるのではなく、絶えず行動によって課題を本気で、生産的に、適切に遂行することを学び、習慣づけなさい。自分の課題を動機付けし、その課題を実行するための能動的な行動を見つけることができるようにしなければならない」（2巻157頁）

C「生活も、人々も、状況も、我々自身も絶えず自分に対して、そしてお互いに対して一連の障害を設け、それをまるで藪《やぶ》のように抜けていくんだ。これらの障害ひとつひとつが課題とその克服のための行動を創り出している」（2巻156頁）

課題とは、スタニスラフスキーによれば、具体的な提案された状況において、具体的な目的によって呼び起こされた意図である。

34　内的な緊張

内的な緊張とは、スタニスラフスキーの用語である。

A「内的な緊張との闘いの際に、三つの段階という観点を持つ必要がある。すなわち、緊張、解放そして正当化である。はじめの二つの段階では、内的な緊張そのものを探し、それがなぜ生じたのか、その理由を認識し、その緊張を完全になくすべく努める。三つ目の段階では、自らの新たな内面的状態を提案された状況で正当化する」（2巻349頁）

内的な緊張とは、スタニスラフスキーによれば、心理的行動の領域における意識されていない緊張である。

35　筋肉の緊張

筋肉の緊張とは、スタニスラフスキーの用語である。

A「身体的な緊張が存在している間は、正しい繊細な感覚や役の正常なこころの生活などは全く問題にできない。したがって、創造を始める前に筋肉をしかるべく整えなくてはならない。それは筋肉が自由な行動の妨げにならないようにするためである」（2巻133頁）

B「私は絶えず君たちに『95%の緊張を取れ！』という呼びかけと共に……注意を促していくことだろう。というのも、あらゆるやりすぎ、はなはだしい頑張りや熱意からくるわざとらしさが、真実を殺す嘘を作り出す。つまり確信や『ヤ・イェスミ（我、有り）』の状態、自然や潜在意識から私たちを遠ざけるのだ」（3巻420頁）

筋肉の緊張とは、スタニスラフスキーによれば、意志が弱かったり感情をコントロールできないときに起こる筋肉の余分な緊張である。

36　対象を感染させる（相手にみさせる）

感染させる（比喩的意味）とは、何かで相手を夢中にさせること、相手にそれをするように仕向けること。（S・I・オジェゴフ「ロシア語辞典」第4版　モスクワ、一九六〇年）

A「……交流の際、これらの自然で不可欠な人間的課題、つまり他人に自分自身のビジョンを見させることがなかった。これらは全て能動性が欠如していたことを示している」（3巻91頁）

B「……彼を何よりも驚かせたのは、自分自身のビジョンを相手に感染させるという課題が、最初興味を持っていなかった押し付けられた言葉を、自分が気づかないうちに、自身の必要不可欠な言葉に変えたことである」（3巻91頁）

C「……感染させなさい、対象を感染させなさい！〝対象の心に入り込みなさい〟。そうしたら自分もより強く感染するのです！　そして、自分自身が感染することで、他人をより強く感染させられるでしょう。他人を感染させながら、まずはじめに自分が感染する

のです」（3巻149頁）

対象を感染させるとは、スタニスラフスキーによれば、相手役に自分自身の内的ビジョンを見させることである。

37 ここで、今日、今

ここで、今日、今とは、スタニスラフスキーの用語である。

A「俳優に……自分自身に問いかけさせ、誠実に次のことを答えさせる。自分は形で演じているのか、それとも、真に、生産的に、適切に行動しているのか？　もし、自分がわざとらしく演じていると感じたのであれば、自分の人生経験を使いながら、役と同じような提案された状況の生活で、自分だったら、ここで、今日、今、どのように行動するであろうかを決めさせるのだ」（3巻445頁）

ここで、今日、今とは、スタニスラフスキーによれば、〝ヤ・イェスミ〟（舞台上で、戯曲の生

活の中にここで、今日、今、私は存在し、生きている）の状態のことである。

38 戯曲の種《たね》

種（比喩的意味）とは、何かの核、胚のこと。（S・I・オジェゴフ「ロシア語辞典」第4版モスクワ、一九六〇年）

A「俳優の創造過程は、ドラマに深く入っていくことから始まる。彼らはまず独自に、あるいは演出家の助けを借りて、演じられる戯曲におけるその基本モチーフ、つまりその作者独自の創造のアイデアを見つけ出さなければならない。そして、その創造のアイデアとは、彼の作品の種であり、種子から発芽するのと同じように、作品が有機的に育ってきたものである」（6巻232頁）

B「舞台芸術の課題は、戯曲及び役の内面的生活の創造、そして詩人や作曲家の作品そのものを生み出した基本的な種や思想を舞台的に具現化することにある」（3巻264頁）

C「このようにして俳優の仕事は、ドラマの芸術的な種を探すことから始まる。俳優はその種を自分の魂の中に移植し、その瞬間から彼の中で創造の過程が始まらなくてはなら

ない。その過程とは有機的なもので、自然界の生成過程に類似するものだ」（6巻233頁）

戯曲の種とは、スタニスラフスキーによれば、作者によって戯曲の基礎に据えられた考え、感情のことである。

39　思いつきによる演技

思いつきによる演技とは、スタニスラフスキーの用語である。

A「俳優は自分の芸術において法則も技術も理論も、ましてやシステムなどはなおさら認めようとしない、というのがまれな例外を除いては大方のところである……彼らの大部分にとって、創造における意識的な部分は単に邪魔になるだけだ」（3巻312頁）

B「彼らは……唯一、インスピレーションだけを当てにしている。もしそれがやって来なかったら、彼らには……演技における空白部分、役を生きていないために空っぽになっている部分を埋める物がなにもない。このため、役を演じる際の長い落ち込み、全面的な芸術的無力感や、幼稚なわざとらしい演技などが生じる。このようにして高揚した瞬間とわざとらしい演技の間を揺れ動いている。このような舞台上の振る舞いこそ、私たち俳優の言葉で思いつきによる演技とよんでいる」（2巻28頁）

思いつきによる演技とは、スタニスラフスキーによれば、俳優の気分のみを基にし、完全に偶然的な状況に依存した役の演技法のことである。

40　自分自身であり続ける

自分自身であり続けるとは、スタニスラフスキーの用語である。

A「どんなに君たちが夢みようとも、現実もしくは想像の中で生きようと、君たちは常に自分自身でいつづけねばなりません。舞台上では、絶対に自分自身を失ってはなりません。常に自分自身の〝人間＝俳優〟の名において行動しなさい」（2巻227頁）

B「このようにして、舞台上で描き出される形象の魂は、自分自身の魂の生きた人間的諸要素や、自分の感情的記憶などから俳優自身によって組み合わされ重ねあわされる」（2巻228頁）

自分自身であり続けるとは、スタニスラフスキーによれば、役に対する俳優の仕事の手法で、役の中に自分、そして自分の中の役を感じるために役立つものである。

41　芸術的理念

芸術的理念（美学的概念）とは、芸術作品において具現化され、作者の世界と人間に関する一定の理解を反映する美学的に一般化された作者の思想である。（『美学』事典　モスクワ〝ポリトイズダート〟一九八九年）

A「偏っていたり、功利主義的であったり、その他の非芸術的意図で芸術に近づこうとすると、とたんにそれは花が萎むように枯れてしまう。芸術においては、他人の思想は、自分自身の理念に変わらねばならず、感情に取りこんで自分の欲求にし、その俳優自身の第二の資質とならなければならない」（1巻251頁）

B「理念は、俳優、役、戯曲全体のこころの生活に入り込まねばならず、そうすれば、理念は偏った思想とはならず、自分自身のクレド（信念）となる」（1巻251頁）

理念（芸術的、創造的な）とは、スタニスラフスキーによれば、心理的行動を通して俳優により受け止められ、俳優の感情とクレド（信念）となった、作者の全体的な思想である。

42　模倣（イミテーション）

模倣とは、何かを真似ることである。（S・I・オジェゴフ「ロシア語辞典」第4版　モスクワ、一九六〇年）

A「模倣行為は、俳優にとって有益ではない。それはヴァシーリー・ヴァシーリヴィチ・ルシュスキーにも妨げになった。このせいで、はじめのうち彼は舞台で自分自身ではなく、他人の名において演じていた……」（6巻302頁）

模倣とは、スタニスラフスキーによれば、役の中の自分自身を失ったまま他人の名において役を演じ、第三者の形象をわざとらしく演じることである。

43　即興

即興（美学的概念）とは、課されたテーマでとっさに思いつくことである。（『美学』事典モスクワ〝ポリトイズダート〟一九八九年）

A「私たちの芸術においては、一つのしっかり定められたテーマのもとで、即興として様々に異なることが行われる。そのような創造は、演技に新鮮さと率直さをもたらす」（2巻30頁）

B「俳優たちには、創造の瞬間に主要な課題……主要なポイント（何を）のみを考えていてもらう。その他のこと（どのように）はひとりでに、無意識的にやってくるのであり、まさにこの無意識性から役のラインの実行が、常に鮮明で、みずみずしく、直接的なものとなる」（4巻459頁）

C「常に即興していくことは、役を新鮮に保ち続け、前進させることができる唯一の道である。さもなければ、何回かの公演のあとには、その役は色あせてしまうだろう」（「論文、スピーチ、対話、書簡」672頁）

即興とは、スタニスラフスキーによれば、無意識レベルにおいて、創造的課題を遂行する表現形式を探究することである。

44 イントネーション

イントネーションとは、発音の際、声の調子を上げたり下げたりすることである。（S・I・オジェゴフ「ロシア語辞典」第4版 モスクワ、一九六〇年）

A 「イントネーションを生み出す仕事は、それを考えついたり自分自身から絞り出すことにあるのではない。もしイントネーションが表現しなくてはならないもの、すなわち感情や考え、中身が存在するならば、また、もしイントネーションを伝えることができる手段、すなわち単語や文言、表情に富んだ敏感な、のびやかな、表現力のある音声や優れたしゃべり方があるならば、イントネーションは自然に現れる」（3巻330頁）

B 「舞台上で君たちに言葉の真の力が必要となった際には、声量のことは忘れ、イントネーションの高低、そして間について思い出しなさい」（3巻111頁）

C 「もし、イントネーションに君たちが飽きてしまったら、新しいイントネーションを

探すのではなく、新しいビジョンを探すことが必要である」（一九三六12／17　養成所生徒との授業の速記録）

イントネーションとは、スタニスラフスキーによれば、音声の上げ下げを用いた言葉による行動の表現である。

45　役を生きる（ペレジヴァーニエ）芸術

役を生きる（ペレジヴァーニエ）芸術とは、スタニスラフスキーの用語である。

A「役者の職人仕事は、どのように舞台に登場し演じるかを教える。一方、真の芸術は、超意識的な有機的創造のために、無意識的な創造の自然を、どのように意識的に自分自身の中に呼び覚ますかを教えるものでなければならない」（1巻406頁）

B「役を生きる（ペレジヴァーニエする）、すなわち、毎回役を演じる度に役と同じような感情を体験せねばならない」（2巻25頁）

C「素晴らしい伝統が私たちの芸術において独自の方向性を作り出した。それを私たちは役を生きる（ペレジヴァーニエ）芸術と呼ぼう。それは創造者である俳優の内面的な感情によって、直接的に観客にはたらきかけることを目指している」（5巻483頁）

役を生きる（ペレジヴァーニエ）芸術とは、スタニスラフスキーによれば、役の「こころの生活」を創造し、その生活を舞台上で、創造者である俳優の内面的な感情によって観客に伝えることを課題とする、演劇芸術の方向性のことである。

46　表示の芸術

表示の芸術とは、スタニスラフスキーの用語である。

A「私は、フランスの俳優のコクランとタルマの遺訓*をこの方向性のもっとも典型的な伝統と考える」（5巻483頁）

B「表示の芸術の俳優たちは、各々の役を生き、もちろんそれを具現化するが、ただしそれは舞台上ではなく……家で、一人きりで、もしくはごく私的な稽古においてである。俳優は感情そのものでなく、その目に見える外面的結果やそれに伴う身体的な動きの感覚

を記憶する」（6巻63～64頁）

C「役の最良の形をいったん作り出すと、俳優はそれを技術的に伝えようとし、すなわちそれをいかに上手く見せるかを学ぼうとする」（6巻69頁）

表示の芸術とは、スタニスラフスキーによれば、役の「こころの生活」の形式を探し、それを俳優のテクニックを用いて機械的にコピーすることを課題とする演劇芸術の方向性のことである。

47　舞台的ヒステリー

舞台的なヒステリーとは、スタニスラフスキーの用語である。

A「例えば、もし拳を握りしめて身体の筋肉を強く収縮させる、もしくは激しく呼吸をすると、それによって強い身体的緊張をもたらすことができるが、それはしばしば客席からは、強い感情により興奮した強烈な情熱の発現として受けとめられる。この場合、私たちが目にしているのは、わざとらしい演技であり、〝人間＝俳優〟の生きた感情ではなく、俳優のエモーションなのである。結果として、舞台的なヒステリックな熱狂、絶叫的表現、

不健全なエクスタシーになる」（2巻39頁）

B「感情によってではなく、機械的な激しい筋肉の収縮によって引き起こされた筋肉の興奮は役を生きることや考えることを不可能にする」（6巻59頁）

舞台上のヒステリーとは、スタニスラフスキーによれば、筋肉の緊張によって呼び起こされた、俳優のエモーションである。

48　情念の真実

情念（心理学的概念）とは、強くて深い圧倒的な感情のことである。（「心理学入門」モスクワ「アカデミヤ」社、一九九五年）

A「情念の真実とは、俳優自身が感じている真の生きた人間的な情念、感情である」（2巻62頁）

B「俳優の全ての注意を提案された状況に向けさせなさい。そしてその中で本当に生きるようにさせなさい。そうすれば、〝情念の真実〟は君たちの内部にひとりでに作り出さ

れる」（2巻63頁）
C「ですからどのくらいあなたが演技をしようが、また何を表現しようが、常に例外なく、あなたは自身の感情を使わざるを得ないでしょう」（2巻227頁）

情念の真実とは、スタニスラフスキーによれば、人間＝俳優の役作りの仕事で呼び覚まされた意図、動機、衝動が本物であることである。

49　俳優＝役の反貫通行動

俳優＝役の反貫通行動とは、スタニスラフスキーの用語である。

A「すべての行動には反対行動が伴うが、その際、後者が前者を呼び起こし強める。従って、それぞれの戯曲で、貫通行動に伴って、反対方向にそれと対抗する反貫通行動がある」（2巻345頁）
B「反貫通行動のラインもまた、〝俳優＝役〟の生活における個々の場面や小さなラインから形成されている」（2巻345頁）

C「私は二つの重大な、互いに闘っているオセロとイアーゴのラインが見えてきた……私は恐ろしいことを予感させる、しっかりと結ばれた悲劇的な結び目を感じとった」（4巻208頁）

俳優＝役の反貫通行動とは、スタニスラフスキーによれば、貫通行動を妨げている内面的および外面的な提案された状況のことである。

50　注意の円

注意の円は、スタニスラフスキーの用語である。

A「然るべく熟練した俳優は、自分の注意の円を任意に限定し、公開の孤独と呼べるような状態を達成するほどに、その円の中に入ってくるものに集中することができる。しかし、通常その注意の円は可変的で、舞台上の進行に従って、円の中に含まれなければならないものに応じ、俳優によって広められたり狭められたりする」（6巻235頁）

B「注意の円は、舞台上で私たちを生活の中にいるときよりもがっちりと守ってくれ、

そこで俳優は現実よりも強く注意の円を感じる」(2巻113頁)

C「パニックや狼狽の恐るべき瞬間には、君たちは次のことを覚えておかなければならない。大きな円がより広く、より希薄であれば、その中にある注意の中くらいの円と小さな円はより狭く、濃密でなければならず、公開の孤独もより閉じたものでなくてはならない」(2巻113頁)

注意の円とは、スタニスラフスキーによれば、ひとつのもしくはいくつかの具体的な対象に対する、俳優の全ての感覚器官の集中である。

51　断片

断片とは、スタニスラフスキーの用語である。

A「架空の物語のあるところには、それを構成する部分、または断片が欠かせない。断片があれば、そこには課題がある。魅力的な課題は、行動で完結する衝動、欲求、志向を自ずと引き起こす」(3巻355頁)

B 「断片に分ける作業のテクニックはわりと単純だ。自分にこう問えばいい。『分析対象の戯曲は、何が欠けると存在しえないか？』それから、細部には入り込まず、戯曲の主要な段落を思い浮かべ始めなさい」（2巻154頁）

C 「断片の本質を規定する正しい名前は、その断片に込められている課題を露わにする」（2巻161頁）

断片とは、スタニスラフスキーによれば、これ無しにはこの戯曲は存在し得ないといった事件や事実を内部に包括した、戯曲を構成する部分のことである。

注釈 断片は水先案内の役割を果たし、役を演じるために正しい道を示してくれる。

52 考えのライン

考えのラインとは、スタニスラフスキーの用語である。

A 「さらにより安定したサブテクストとなるのが考えのラインである」（3巻445頁）

B 「考えは見ることができる。かくして考えとヴィジョンのラインは絡み合う。論理と順序は明確ではっきりしている。それが、一番はっきりと組み込まれるのは考えの領域だ。だから、このラインが一番安定しているし、定義しやすいし、定着させやすい」（3巻447頁）
C「一番いいのは、この考えとヴィジョンのラインが合流し、お互いを補い、その後に諸要素の他のラインを従える形である。そうすると、他人に自分の考えを生き生きと伝えるきわめて重要な内的行動が生み出される」（3巻449頁）

考えのラインとは、スタニスラフスキーによれば、論理と順序の判断から成る、意識的ラインのことである。

53 論理と順序

論理と順序とは、スタニスラフスキーの用語である。

A「俳優という人間の中にある自然の全分野が論理的に、順序をもって、本物の真実と確信を伴って働きだしたなら、役を生きるという状態が完全に達成されたということだ」（2巻184頁）

B　「身体的行動の分野ではわれわれはよりよく状況を感じられるし、捉えて定着するのが難しい内的要素の分野におけるよりも機転が利かせられるし、確信がもてる。身体的行動が捉えやすいからこそ、われわれは論理と順序への欲求を生徒たちの心に育むさいにも、それに目を向けているのだ」（3巻418頁）

論理と順序とは、スタニスラフスキーによれば、俳優の内的自己感覚の重要な要素である。

54　放射と受容

放射と受容とは、スタニスラフスキーの用語である。

A　「手や足や胴体の外面的な目に見える動きは能動性の現れであり、心の交流という内面的な目に見えない行動や行為は積極的な働きかけとは認められない、と考える人が多い。これは誤りだ。まして、役の〈こころの生活〉を作り出す我々の芸術にあっては、内的行動のあらゆる現れがとくに重要で貴重であるだけにいっそう残念な誤りだ」（2巻260頁）

B　「この目に見えない道や相互交流の方法をなんと呼んだらよいだろう？　放射と受容

だろうか？　射出と入射だろうか？　他の専門用語がないということで、これらの言葉にしておこう」（6巻267頁）

放射と受容とは、スタニスラフスキーによれば、考え、感情、意志のエネルギーを使った交流のプロセスである。

55　小さな真実

小さな真実とは、スタニスラフスキーの用語である。

A「小さな、中くらいの、大きな、もっとも大きな断片、行動、その他があるように、真実とそれを確信している時間にも小さな、大きな、もっとも大きなものがある。全体的な大きな行動の大きな真実を一度にとらえることがむずかしいのであれば、それをいくつかの部分に分け、そのなかの一番小さなものだけでも信じるようにすることだ」（2巻177頁）

B「もし一つの小さな真実、または確信の瞬間が俳優を創造的状態に導けたら、こういった瞬間が論理的に順序を追ってつづき、大きな真実、長時間にわたる真の確信を生み出

す」（2巻178頁）

C「これらの小さな真実を掌握できなければならない。なぜなら、それらなしには大きな真実を見つけることはできないからだ」（「論文、スピーチ、談話、書簡」集、657頁）

小さな真実とは、スタニスラフスキーによれば、具体的な身体的行動において確信が持てる瞬間のことである。

56 注意の小さな円

注意の小さな円とは、スタニスラフスキーの用語である。

A「完全な暗闇に囲まれながらスポットの中にいると、自分が全てのものから隔離されているように感じられる。スポットの中にいると、自分の家にいるように、誰も恐れることはないし、何も遠慮することはない。暗闇の四方八方から、幾多の他人の目が自分の活動を観察しているということも忘れられる」（2巻109頁）

B「在学中の短い間に私たちが学んだ創造の秘訣のうち、いちばん重要で、かつ実際に

役に立つのは、自在に動かせる注意の小さな円である」（2巻114頁）

注意の小さな円とは、スタニスラフスキーによれば、一つの具体的な対象にたいして、俳優のすべての感覚器官が集中されていることである。

57　おとり（囮）

おとり（囮）とは、獣や鳥をおびき寄せるための小さな笛、呼子のことである。（S・I・オジェゴフ「ロシア語辞典」第4版　モスクワ、一九六〇年）

A「情緒的記憶や繰り返し現れる感情と向かいあうときには、狩人が野鳥と向かいあうときのようにすべきだ。鳥が自分から狩人のもとへ飛んで来ない限り、鳥を探し出す術はない。とすれば、狩人にできることは特別な呼子、いわゆる囮を使って野鳥を森からおびき出すことだけだ。われわれ俳優の感情も、森の鳥のように臆病で、心の奥深くに隠れている」（2巻244頁）

B「実際、魔法の〈もしも〜なら〉、提案された状況、イメージされた世界、断片と課題、注意の対象、内的、外的行動の真実とそれに対する確信――これらのもののすべてが最終的

にわれわれに適切な囮を提供してくれていた」（2巻244頁）

C「舞台の丁寧な作り、照明、音響、その他の演出上の工夫（囮）を凝らしたりするのは、何よりも客席に座っている観客をあっと言わせるためだと一般的には考えられている。しかしそれは違う。われわれがこのような手法を利用するのは観客のためというより、俳優自身のためである」（2巻235頁）

おとり（囮）とは、スタニスラフスキーによれば、精神生活の起動力を呼び覚ます内面的および外面的仕掛けである。

注釈　知恵に作用（刺激）するのが判断を生み出す言葉、台詞、考え、イメージである。意志に直接的に作用するのが超課題、課題、貫通行動。感情に作用するのがテンポ・リズムである。

58　ミザンスツェーナ（ミザンス）

ミザンスツェーナ（仏　ミザンセーヌ）とは、芝居の様々な場面におけるいろいろな舞台装置の中での俳優たちの位置関係である。（『現代外国語辞典』サンクトペテルブルク、一九九四

年）

A「俳優の仕事では、自分でミザンスツェーナを作り出す場合も、他人のミザンスツェーナを取り入れる場合もあるので、両方ともこなせるようにしておく必要がある……ミザンスツェーナと俳優の心理的状態が常につながっていることが必要なのであり、そのつながりを破るのは良くないことだ……」（2巻234頁）

B「これらミザンスツェーナもわれわれの情緒的記憶を刺激するものの一つなのだ」（2巻235頁）

ミザンスツェーナとは、スタニスラフスキーによれば、時間と空間のなかで、俳優の内面を表現する彼の身体の動きのことである。

59　モノローグ（独白）

モノローグ（文学論的用語）とは、直接的な回答をあてにするものでもなく、誰かに向けられたものですらない場合もある長い本音の発言。（「文学百科事典」モスクワ、一九八七年）

A「自分のなかで、どこからどこに交流の流れを向けたらいいのか？　このプロセスには、明確な主体と客体が必要だ」（2巻253頁）

B「通常のわれわれの神経中枢――頭脳の他に、心臓の近くにあり太陽神経叢と呼ばれる部分にあるもう一つの中枢のことを教えられた。私はこの二つの中枢を結びつけて対話させてみることにした。私の感覚では、知恵が感情と交流しているようだった」（2巻254頁）

モノローグ（独白）とは、スタニスラフスキーによれば、俳優の内部での交流の過程である。

注釈　自己交流のためには主体と客体が必要である。

60　無邪気さ

無邪気さとは、外にある現実、あるいは世界を心を開いて受けとめること。（アニシモフの定義）

A「無邪気さを呼び寄せるには、それ自体ではなく、一方ではそれを邪魔し、もう一方では助けているものについて考える必要がある。それを邪魔しているのはきわめて質の悪い敵で、それもまたわれわれの心に巣食っている。その名は、粗探し屋という。無邪気であるためには、難癖をつけたり、イメージの世界を必要以上に詮索したりしてはならない。無邪気さを助けるのはその最良の友、真実と確信だ」（2巻399頁）

無邪気さとは、スタニスラフスキーによれば、世の中や人々に対する人間のオープンで、誠実で、純心な関係のことである。

61　芸術的形象（役の）

芸術的形象（文学論的用語）とは、現実を昇華し転換させる芸術独自の方法を規定する美学の概念である。（「文学百科事典」モスクワ、一九八七年）

A「染みついている約束ごとや紋切り型からでもなく、作者の注釈からでもなく、生活から、また自分自身から役にアプローチしなければならない。そうすれば形象に対するあなたの考えを独自のものにすることができる」（4巻319頁）

B「もし内面および外面の性格的特徴が真実に基づいているならば、それらは必ず融合し、生きた形象を作りだす。つまり様々な有機的な物質が結合し、一緒になって新たな第三の物質を創りだすのである」（4巻348頁）

芸術的形象（役の）とは、スタニスラフスキーによれば、俳優＝役の内面および外面の性格的特徴の統一を保持し続ける変身の過程の最終段階のことである。

62　舞台での総体的自己感覚

舞台での総体的自己感覚とは、スタニスラフスキーの用語である。

A「創造の過程で俳優に何が起ころうとも、この総体的な精神的、身体的状態の中にいなければならない」（3巻270頁）

B「まず第一に、自己感覚の内的・外的要素を準備し、整えることを学ぶのだ。最初はひとつひとつの要素を別々に訓練し、あとでそれらを互いに結びあわせることだ……。その際、二つの要素が正しく結び付けられれば第三の要素が作られ、その三つが合わさって

第四の要素が作られる等々、ということにあなたは気づくだろう」(3巻274頁)

舞台での総体的自己感覚とは、スタニスラフスキーによれば、内的および外的な自己感覚が結合されている総体的な状態である。

63 交流

交流(心理学的概念)とは、情報交換だけではなく、主体が客体を受容し、理解することも含めた、主体と客体の相互作用の過程である。(「心理学入門」モスクワ「アカデミヤ」社、一九九五年)

A「このように、私の感覚では、知恵が感情と交流しているようだった。いいだろう——私はみずからに言った——交流させておこう。つまり私のなかに必要としていた主体と客体が見つかったというわけだ」(2巻254頁)

B「とりあえずは、人はつねに相手の生きた精神と交流しようとするのであり、俳優たちが舞台でよくやるように、相手の鼻や目やボタンとではないことを知っておきなさい」

（2巻255頁）

交流とは、スタニスラフスキーによれば、具体的な目的をもって具体的な相手と判断や内的ヴィジョンを交換しあう過程のことである。

64　役を生きる（ペレジヴァーニエ）芸術の基礎

基礎とは、物事の本質で、その上にその物事が組み立てられる主要なおおもとである。

（S・I・オジェゴフ「ロシア語辞典」第4版　モスクワ　一九六〇年）

A「われわれのめざす方向性の基礎の一つは、創造と芸術の能動性と機動力にある」（2巻60頁）

B「能動性、真の生産的な、目的にかなった行動こそ、創造においてもっとも大切なものなのだ」（3巻92頁）

C「われわれの役を生きる芸術の主要な基礎のひとつとして、次のような原則があるのは偶然のことではない。すなわち『俳優の意識的な心理技術を用いて人間の内なる自然に

よる潜在意識的な創造を行うこと』である」（2巻24頁）

役を生きる（ペレジヴァーニエ）芸術の基礎とは、スタニスラフスキーによれば、俳優の創造の能動性と意識的な心理技術のことである。

65　事実の評価（舞台での）

事実の評価（舞台での）とは、スタニスラフスキーの用語である。

A「戯曲の事実と事件を評価するとはどういうことか？　これは外的な事実と事件を掘り下げ、それらの下、深層部分に、その外的事実を生み出したかもしれない、別の、より重要な、深く隠された内面的な事件を見つけるということだ」（4巻108頁）

B「戯曲の事実と事件の評価を一回で最終的なものと決めてしまっては間違うことになる。その先の作業においても新たに事実を再評価すること、さらに精神的側面を満たしていくことに常に立ち戻らねばならない」（4巻109頁）

事実の評価（舞台での）とは、スタニスラフスキーによれば、俳優が戯曲の事実や事件をあたかも自分自身のことのように実感する過程のことである。

66　変身

変身とは、スタニスラフスキーの用語である。

A「俳優が役に没頭するのは、役が俳優の心を虜にしている場合だけだ。そのとき、俳優は役の形象と一体となり、創造的に変身する」（2巻252頁）

B「変身とは、自分でなくなるのではなく、役として行動する際、あなたが役の提案された状況の中に自分の身を置き、『どこまでが自分で、どこまでが役なのか？』ということがもう分からなくなるくらいにそれらの状況に嵌って生きることだ。これこそが真の変身というものなのだ」（「論文、スピーチ、談話、書簡」集、681頁）

変身とは、スタニスラフスキーによれば、戯曲の具体的な提案された状況の中で俳優＝役が役を生きていることである。

67　役を生きる（ペレジヴァーニエ）

ペレジヴァーニエ（内的体験）（心理学的概念）とは、俳優の内的世界を再構築し、必要な平衡状態を得るのに役立つ、大きな緊張を伴い、しばしば濃厚な内実をもつ特別な情動活動である。（「心理学入門」モスクワ「アカデミヤ」社、一九九五年）

A「われわれの心の奥深くにある隠れ家が広く開かれるのは、俳優の内的および外的なペレジヴァーニエが、そのために打ち立てられた法則に則って流れていくときであり、いかなる強制もなく、不自然さもまったくないときであり、紋切り型や約束ごとの演技などがないときにほかならない」（4巻338頁）

B「俳優は自分自身の感情でしか役を生きることができない。……役の人物を理解し、共感し、演じる人物の立場に立って、その人物のように行動を始めることは可能だ。この創造的活動が俳優の内面に役のなかで要求される感情と似通った感情を喚起するのだ。しかし、そういった感情は役の人物のものではなく、俳優その人のものなのだ」（2巻227頁）

C「正しく、論理的に、順序立てて、人間らしく考え、欲求し、努め、役の生活条件のもとでその役にぴったり重なり合うように行動すること。……われわれはこれを指して、役を生きる（ペレジヴァーニエ）と呼んでいる」（2巻25頁）

役を生きる（ペレジヴァーニエ）とは、スタニスラフスキーによれば、役と同様に感じ、考えることができる、俳優の中に進行する心理的および身体的な過程のことである。

68　潜在意識

潜在意識的、無意識的（哲学的概念）とは、主体の意識の中では思い描くことのできない心理的な過程、働き、状態の総体である。（「哲学百科事典」モスクワ、一九八九年）

A「われわれは潜在意識と非常に親しい関係にある。現実の生活では、潜在意識が常に出てくる。われわれに生まれる想像や内的ヴィジョンはどれも、程度の差こそあれ潜在意識を必要とする。それらは潜在意識から生まれるのだ。内面生活の身体的表現でもひとつひとつの反応でも、全面的にしろ部分的にしろ、やはり潜在意識の目に見えない暗示が隠されている」（2巻354頁）

B「われわれの役を生きる芸術の主要な基礎のひとつは、『俳優の意識的な心理技術を用いて人間の内なる自然による潜在意識的な創造を行うこと』である」(2巻23頁、第1部38頁)

C「我々の意識を用いた技術は、一方では潜在意識を働かせるように、他方では潜在意識が働いたらそれを邪魔しないようにすることへ向けられている」(「俳優の自分に対する仕事」第2部一九五一年610頁)

潜在意識とは、スタニスラフスキーによれば、自覚していない愛着心、欲求、記憶などなどを始動させる俳優の有機的創造の源泉のことである。

69　サブテキスト

サブテキスト(文学論的用語)とは、台詞の直接的な意味とは一致しない、隠された、表に出ていない意味のことである。(「文学百科事典」モスクワ、一九八七年)

A「時間が経ち、慣れてしまうと、決まった台詞としての言葉は機械的に発声され、舌の筋肉の支配下におかれてしまう。筋肉に入り込んだこういった言葉は、意識とは関係なく発声される。その際テキスト（台詞）とサブテキストの分離が起こり、そのために言葉が空虚なものになり、内面から温められず、思考に裏打ちされない冷淡な、心のこもらないものに、形式だけのものになってしまう」（3巻439頁）

B「私たちに必要なのは、舞台上で正しい人間的な話し方を呼び起こす、創造の正しいラインなのだ。私が言っているのはサブテキストのラインのことである。このラインは、俳優のこころの諸要素から成る有機的な自然の法則に従って作りだされるものだ。そしてこの俳優のこころというのは、われわれの行動と言語をコントロールする真の人間的な欲求、思考により生きたものとなっているのだ」（3巻441頁）

C「サブテキストの不安定なラインを安定的なものにするための手段を求めて、私たちはさまざまな分野の研究を行なった。たとえば、1 心の目とか、2 思考とか、3 内的行動とかである」（3巻441頁）

サブテキストとは、スタニスラフスキーによれば、考えのラインと内的ヴィジョンを構成するものである。

70　提案された状況（戯曲の）

状況とは、状態、事態の設定条件、人、物の存在。（S・I・オジェゴフ「ロシア語辞典」第4版　モスクワ、一九六〇年）

A「まずはじめに、〈提案された状況〉という言葉は何を指しているのかを理解しなければならない……。それは、戯曲の筋、事実、事件、時代、場面の時と場所、生活条件、われわれ俳優や演出家の戯曲の理解、われわれがみずからつけ加えるミザンスツェーナや演出、大道具、衣装、小道具、照明、音響などなど。これらは俳優たちが創造する際に、考慮に入れるために提案されているものだ」（2巻62頁）

B「俳優の仕事は、感情そのものを作ることではなく、情念の真実を自然に、直感的に生み出す様々な提案された状況を作ることにある」（3巻349頁）

提案された状況とは、スタニスラフスキーによれば、役の生活に補充される場所、時間、場面に関する作りだされた状況のことである。

注釈　提案された状況には内的なもの（すなわち登場人物同士の相互関係を作りだし、また彼らのそれぞれの生活を特徴づけるもの）と外的なもの（すなわち事実、事件、戯曲における社会制度や生活様式、戯曲の手法や筋書き）がある。

71　内的（心理的）行動

内的（心理的）行動とは、スタニスラフスキーの用語である。

A「しかし俳優によって個々の考えの推移やその順序を覚えるのが難しいこともある。その難しさをやはり内的ヴィジョンがある程度までは軽減してくれる」（3巻447頁）

B「一番いいのは、この考えのラインとヴィジョンのラインが合流し、お互いを補い、その後に他の諸要素のラインを従える形である。その場合、相手に自分の考えを生き生きと伝えるためのきわめて重要な内的行動が生み出される」（3巻449頁）

内的（心理的）行動とは、スタニスラフスキーによれば、想像と判断を介して課題を実行する過程である。

72　心理操作術*

心理操作術とはスタニスラフスキーの用語である。

A「真の芸術は、自然による超意識的な有機的創造のために、いかに意識的に自分の中の潜在意識的創造の自然を目覚めさせるか、ということを教えなければならない」（1巻406頁）

B「何がわれわれの精神生活の三つの心理的な起動力を呼び覚ますかを考えなさい。舞台における内的な自己感覚や超課題と貫通行動など、ようするに意識の働きによって行えることとすべてを考えなさい」（2巻364頁）

C「俳はわれわれの心理操作術的な仕事の分野におけるもっとも重要な手段である」（2巻245頁）

心理操作術とは、スタニスラフスキーによれば、俳優が意識的なものを通して潜在意識的なものを、意図的なものを通して非意図的なものを呼び覚まし、引き寄せ、表に表すのを助ける技法や実践的な練習の総体である。

73　公開の孤独

公開の孤独とは、スタニスラフスキーの用語である。

A「舞台上で、何千人もの観客の目の前で、君は殻のなかのかたつむりのように、いつでも孤独のなかに閉じこもることができる」（2巻109頁）

B「しかるべく熟練した俳優は、自分の注意の円を自由に限定することができ、この円に入る範囲に対して公開の孤独と呼べるような状態に達するまでに集中することができる。だが、この注意の円は通常は可変的であり、舞台の進行に従って何が含まれるべきかにより、俳優はそれを広げたり狭くしたりする」（6巻235頁）

C「パニックや狼狽の恐るべき瞬間には、君たちは次のことを覚えておかなければならない。大きな円がより広く、より希薄であれば、その中にある注意の中くらいの円と小さな円はより狭く、濃密でなければならず、公開の孤独もより閉じたものでなくてはならない」（2巻113頁）

公開の孤独とは、スタニスラフスキーによれば、俳優が小さな注意の円によって観客から隔離される状態のことである。

74　役のリアルな生活感覚

役のリアルな生活感覚とは、スタニスラフスキーの用語である。

A「役の生活感覚を持つことが、俳優の魂を中から熱くし、創造的認識過程にとって必要な沸騰を呼び起こす。俳優のこのような創造的状態のときのみ、戯曲や役への迫り方について語ることができる」（4巻316頁）

B「その時の提案された状況、役の持っている考えや社会的立場の中では、あなたは役と同じように行動せざるを得なかったであろうことが分かるだろう。そのような役との接近を、我々は、役の中に自分を、自分の中に役を感じる、という」（4巻331頁）

C「一言でいえば、新しい役を抽象的に第三者としてではなく、具体的に自分のこととして、自分自身の生活のように関われるところまで、自分を持っていかなければならない」（4巻332頁）

役のリアルな生活感覚とは、スタニスラフスキーによれば、舞台における俳優の内的自己感覚と具体的な身体的行動が融合していることである。

75　超課題

超課題とは、スタニスラフスキーの用語である。

A「作家の感情や考え、夢や苦しみや喜びを舞台で伝えることが芝居の主要な課題である。この基本的な主要な包括的な目的を、作家の作品の超課題と呼ぶことにしよう。そこでは、例外なくすべての課題が俳優自身に引き寄せられ、精神生活の三つの起動力の創造的な欲求が呼び起こされ、俳優＝役の自己感覚の諸要素が呼び起こされる」（2巻332頁）

B「われわれに必要なのは、作家の着想に準じており、創造する俳優自身の心に必ずや反響を呼び起こす超課題である。それこそが形式的でなく、分別臭くもない、真の生きた人間的な……感情（ペレジヴァーニエ）を呼び起こすことができるのだ」（2巻334頁）

C「創造すること、それはすなわち熱く、懸命に、強く、生産的に、目的に適うように、

正当な理由で超課題に向かって進むことである」（4巻292頁）

超課題とは、スタニスラフスキーによれば、戯曲の種を表現しようとすることである。

76 貫通行動

貫通行動とは、スタニスラフスキーの用語である。

A「戯曲全体を貫いている俳優＝役の三つの心理的な起動力による能動的な内的行動をわれわれの用語で、俳優＝役の貫通行動と言おう」（2巻338頁）

B「優れた戯曲では、その超課題と貫通行動は作品そのものから自然に出てくるものだ。そのことを無視したら作品の命が失われてしまう」（2巻343頁）

C「貫通行動とは、われわれが潜在意識に働きかける強力な覚醒手段なのだ」（2巻363頁）

貫通行動とは、スタニスラフスキーによれば、俳優の知恵、意志、感情を使った超課題を実行するための行動である。

77　言葉による行動

言葉による行動とは、スタニスラフスキーの用語である。

A「言葉による行動とはいったいどういうことでしょう？　それは、話す行為の一部を、単なるおしゃべりから生産的で目的にかなった本物の行動に変えるということなのです」（3巻450頁）

B「他の人に自分の考え、つまり論理的で順序性のある判断を伝えるために言葉、話す行為がある。他の人に自分の内的ヴィジョンを伝えるためには言葉に明確なイメージをのせて話し、目に見えない感覚を伝えるために、我々は声のイントネーションを使うのだ」（3巻499頁備考70）

言葉による行動とは、スタニスラフスキーによれば、言葉、視覚的イメージおよび考えのラインを手段として課題を実行する過程である。

78　事件

事件とは、スタニスラフスキーの用語である。

A「私は戯曲の筋、その表向きの流れをはっきりとあらわす技術を学んだ。よく私たちは劇場で、次々に起こる事件とそれらの相互の関係がはっきり分らぬままに芝居を見ていることがある。だがこれこそが、芝居で描き出されるべき第一のものなのである。なぜなら、これなしには芝居の内的な側面について語ることは困難だからである」（1巻154頁）

B「作者による外的な提案された状況を分析するためには、なによりもどういう事件が存在しているのか、その前後関係、相互の関係を明らかにする必要がある」（『論文、スピーチ、談話、書簡』573頁）

C「『研究する』とは、我々の言葉では、何が起こっているかを確認し、観察し、理解するだけではなく、各事件の特徴と意味を評価することだ」（4巻247頁）

事件とは、スタニスラフスキーによれば、戯曲の筋を構成する重要な外的な事実と状況のこと

である。

79　システム

システム（哲学的概念）とは、お互いに関係を持ち、結びついて、一定のまとまり、単一性を形成する諸要素の総和である。（「哲学百科事典」モスクワ、一九八九年）

A「私たちが学んでいることは普通『スタニスラフスキーシステム』と呼ばれている。しかし、これは正しくない。この方式の強みは、それが誰かによって思いつかれたものでも、誰かによって発明されたものでもないということにある。『システム』は私たちの中の精神的な、身体的な有機的自然そのものに属している。私たちはこの創造の能力を、この『システム』を自分の内にもって生まれてきた」（3巻304頁、第2部458頁）

B「あるのは唯一のシステムだ、それは有機的で創造的な自然である」（『論文、スピーチ、談話、書簡』573頁）

C「芸術の法則は、自然の法則だ。『システム』がそれを回復し、人間の内なる自然を正常な状態にしてくれる」（3巻309頁、第2部465頁）

システムとは、スタニスラフスキーによれば、俳優の内的および外的技術の手法と役作りのメソードの総和である。

80　舞台的真実

真実とは、現実に相応しているもの、真理。（S・I・オジェゴフ「ロシア語辞典」第4版モスクワ、一九六〇年）

A「舞台的真実とは、俳優がこころから信じているもののことである」（6巻58頁）

B「俳優の中の自然全体が有機的に虚構を信じたときから、その虚構が内部にある自然にとって真実となる。そして真実を感じ取ると、自然は、普通の、本物の、有機的な生活を生き始める」（6巻88頁）

C「自然と真実、真実と確信は、分離できないものだ」（6巻89頁）

舞台的真実とは、スタニスラフスキーによれば、俳優が仮想の生活に真摯に関わることである。

81　舞台話法

舞台話法とは、スタニスラフスキーの用語である。

A「話法は音楽である。役と戯曲の台詞はメロディ、オペラあるいは交響曲だ。舞台での発音は、名人芸まで到達するほどの念入りな準備と技術が求められる技能である。それは歌をうたうことよりも易しいとは言えない」（3巻322頁）

B「俳優が言葉の音の一つ一つを、芸術的表現力の道具として感じられるようになることが必要だ」（6巻240頁）

C「リズム、発音と音の表情、また同様に正確な声作りと良い滑舌は、我々の芸術において一番強力で、いまだ追及されつくしていない手段の一つである」（8巻62頁）

舞台話法とは、スタニスラフスキーによれば、言葉による行動を表現するための手段である。

82　才能

才能とは、天与のもの、並外れた能力。（S・I・オジェゴフ「ロシア語辞典」第4版　モスクワ、一九六〇年）

A「才能とは何か？　それは人間の多くの能力の組み合わせだ。それには身体的なもの、人間的資質、記憶、想像力、覚醒能力、敏感さ、感受性などなどが含まれる。それらすべてのものは、その一つ一つが舞台では魅力的で、また全体としてはお互いに調和がとれたものでなければならない」（8巻156頁）

B「一生の間、さらに訓練し続け、知的な成長を遂げ、人間的な修行を重ね、絶望せず、驕らず、そして重要なのは、献身的に強く自分の芸術を愛することである」（5巻301頁）

才能とは、スタニスラフスキーによれば、人間の多くの創造的能力が、創造しようという意思とうまく組み合わされていることである。

83 創造的着想

着想（美学的概念）とは、自分の将来の作品についての芸術家の最初のイメージであり、そこから創造的過程が始まる、多かれ少なかれ意識された原型である。（『美学』事典　モスクワ〝ポリトイズダート〟一九八九年）

A「しっかりした芸術作品を上演するにあたっては、演出家も俳優も劇作家の精神と着想をできる限り正確に深く読み取ろうと努力しなければならず、その着想を自分のもので置き換えてはならない」（6巻232頁）

B「演出家が不用意に自分のカードを開いてしまい、最終的な目的を言ってしまうという間違いを犯したため、俳優たちは無意識のうちにそこを目指してしまった。この間違いのために、俳優たちにもまだはっきり分かっていない自分たちの内的な作業が止まってしまった」（5巻518頁）

C「俳優には、自分の役に対する指摘だけを注意深く追っていくという癖がある……これは間違いである……非常に重要なのは、芝居全体と、作者の着想全体を感じとることだ」（7巻468頁）

創造的着想とは、スタニスラフスキーによれば、イメージまたは判断によって表現された、これから作られようとしている芸術的形象の基である。

84　演劇的約束ごと

約束ごととは、あらかじめその申し合わせをした人たちにのみ、条件づけられ了解されていること。（S・I・オジェゴフ「ロシア語辞典」第4版　モスクワ、一九六〇年）

A「約束ごとにもよいものと悪いものがある。良い約束ごとはそのまま使えるだけでなく、ある場合には歓迎すべきでもあるが、悪い約束ごとはなくしてしまわねばならない」（1巻315頁）

B「重要なのは、舞台装置、舞台の設定、戯曲の演出そのものが説得力のあるものであり、それらが真実感覚に確信を持たせ、創造の最大の目的であるこころの生活を作り出す助けとなることである」（6巻83頁）

C「（悪い）演劇的な約束ごとは真の創造、真面目な芸術には不適当だ。かりにそういった約束ごとがなんらかの理由で必要になった場合でも、それは根拠がなくてはならないし、外面的な美しさのためではなく、内面的な本質に役だつものでなくてはならない」（2巻141頁）

演劇的約束ごと、すなわち「悪い約束ごと」とは、スタニスラフスキーによれば、形式的で根拠のない舞台設定のことである。

85　台詞

台詞（文芸学的用語）とは、言語記号を介して表現され、固定化され、感覚的に受け止められる、文学作品を含む会話的作品の側面である。（「文学百科事典」モスクワ、一九八七年）

A「作者の協力者となり、舞台作品または芝居を作るためには、俳優は作品のテーマだけではなく、その言葉で書かれた形をまるごと受け入れる必要がある」（4巻516頁）

B「個別に取りだした内実のない言葉はそれ自体ではたんなる音、わめきにすぎない……そのようなわめきからなる役の台詞は空虚な音の連なりでしかない」（3巻84頁）

C「ほとんどの劇場では、充分か不充分かの違いはあっても、戯曲の台詞の表面的な意味のみを観客に伝えようとしている。しかも、乱暴に決まったかたちで」（3巻81頁）

台詞とは、スタニスラフスキーによれば、役の内面的な内容の、外面的な言葉による表現である。

86　テンポ・リズム

テンポ・リズムとは、スタニスラフスキーの用語である。

A「テンポとは速さ、もしくは遅さだ。テンポを速めるということは、行動あるいは台詞により少ない時間をあてることであり、それによって自分がより早く行動したり話したりするように仕向けることだ。拍とは時間の尺度だ。ただし、拍にもいろいろある。その継続時間はテンポ、速度に左右される。もしそうであるなら、われわれの時間の尺度もいろいろあるということになる」（3巻143～44頁）

B「生活があるところには行動もあり、行動があるところには動きがあり、動きがある

ところにはテンポもあり、テンポがあるところにはリズムもある」(3巻153頁)
C「良く知られているように、テンポ・リズムには内的なものと外的なものがある。それを学ぶ際のもっとも簡単な方法は、外的なものから内的なものへ向かうことだ」(3巻420頁)

テンポ・リズムとは、スタニスラフスキーによれば、様々な速度と時間の尺度の混合である。

87 舞台的事実

舞台的事実とは、スタニスラフスキーの用語である。

A「事実と戯曲の筋を伝えながら、俳優はそれらの事実に含まれる精神的内容を意図せずに伝えている。俳優は、表面的な事実の下を流れている登場人物のこころの生活そのものを伝えているのだ」(4巻108頁)
B「形式と内容が完全に一致するのが一番良い。そのような作品では役のこころの生活が事実や筋と不可分なものになる」(4巻247頁)

舞台的事実とは、スタニスラフスキーによれば、役のこころのはたらきの最終結果をもたらすか、あるいはそうした感情を生み出すきっかけとなる戯曲の外的状況のことである。

88　身体的行動

身体的行動とは、スタニスラフスキーの用語である。

Ａ「大切なことは身体的行動そのものでなく、その行動が自分の中で真実感覚と確信を呼び起こし、感じ取る助けとなることにあるのだ」（２巻177頁）

Ｂ「我々は内面の情動、欲求、論理、順序性、真実感覚、確信、その他の『自己感覚の要素』、『ヤ・イェスミ（我あり）』を表すための手段として、またはそういう目的を持って身体的行動をする。これらすべては、人間の身体の生活のラインを作る身体的行動の中で発展していく」（４巻339頁）

身体的行動とは、スタニスラフスキーによれば、言葉と人間の身体の生活を介して身体的課題を実行する過程である。

89　身体的課題

身体的課題とは、スタニスラフスキーの用語である。

A「俳優にもっとも単純な身体的課題を与え、それを興味深い、刺激的な提案された状況でくるんでやれば、俳優は怖がらずに、行動を起こすことだろう」（2巻180頁）

B「もし、俳優が言葉と行動の手助けでもっとも単純な身体的課題を実行し、しかも彼がその真実を感じ、その単純な身体的真実を心から信じるなら、その俳優は落ち着いていられる。それが、正しい感情のための良い土壌を作り出し、今日俳優が実行すべき課題を体験させてくれる」（4巻298頁）

C「この悲劇的箇所にどのような身体的課題を置くか？　というのは、その箇所がより悲劇的であればあるほど、心理的ではなく、身体的な課題がより強く要求される。それはなぜか？……心理的課題は煙のように飛散してしまうが、身体的課題は具体的でしっかり感じ取れるものであり、それを定着させるのはたやすく、決定的瞬間により簡単に思い出させてくれる」（『オセロ』演出プラン、一九四五年、349頁）

身体的課題とは、スタニスラフスキーによれば、具体的で外的な提案された状況の中で、具体的な目的によって呼び起こされた意図である。

90　性格的特徴

性格的特徴とは、スタニスラフスキーの用語である。

A　「戯曲の内容そのものと、それぞれの役のキャラクターのおかげで、自然な形で、役の新しい扱い方、つまり性格的特徴の面からの扱い方が要求されるようになった。実際、第一幕では、私はまだ年若い一兵卒だったが、第二幕では、二十五歳の抜け目のない士官、そして最後の幕では、退職した痛風病みの老将軍だった。当時私の模索していた性格的特徴は、外面的なものだった。しかしときには外面的なものから内面的なものへ行きつくことができるのだ」（1巻80頁）

B　「舞台では、『一般的な』商人像、軍人像、貴族像、農民像などの形象を作り出すことができる。表面的に観察しただけでも、それぞれの社会的階層に典型的な動作、物腰、癖

を見つけるのは難しいことではない」（3巻221頁）

性格的特徴とは、スタニスラフスキーによれば、役の内的および外的な決定的特徴である。

注釈　内的な性格的特徴とは、俳優＝役の思考様式である。外的な性格的特徴とは俳優＝役のふるまいの様式である。

91　掴《つか》み（クラッチ）

掴みとは、スタニスラフスキーの用語である。

A「我々は舞台では掴んでいる状態であることが重要である――目で、耳で、全五感で。聞くのであれば、聞いて、聞き留める。見るのであれば、見て、見届ける。目で対象の表面を滑っているだけでなく、また、そこに絡みつくことなしに自分の視線でなめ回しているだけではいけない。いわば対象に歯で噛みつかねばならない」（6巻273頁）

B「我々は生徒たちの舞台上での注意と交流について、彼らの掴みの力と持続性から判断します。掴みを自分の中で鍛練してください」（6巻274頁）

掴みとは、スタニスラフスキーによれば、能動的な内的行動の結果生まれてくる交流の一要素である。

92　ヤ・イェスミ（我あり）

ヤ・イェスミとは、スタニスラフスキーの用語である。

A「ヤ・イェスミ（我あり）というのは、われわれの言語では次のことを語っている。私は自分を虚構の状況の中心に置いた。すると私は想像される生活のただなか、想像される事物の世界にいる。そして自分自身の名において、恐怖を克服し、感情に誠実に行動し始める」（2巻79頁）

B「ヤ・イェスミとはどういうことか？　それは、役と一つになって私は存在し、生き、感じ、思考している、ということだ。ヤ・イェスミとは、舞台上の凝縮された、ほとんど絶対的な真実である」（2巻203頁）

C「真実と確信のあるところには、舞台におのずとヤ・イェスミの状態が作り出される」

（2巻356頁）

ヤ・イエスミ（我あり）は、スタニスラフスキーによれば、戯曲の提案された状況の中で自分自身の名において行動する俳優の状態である。

93　役の楽譜

役の楽譜とは、スタニスラフスキーの用語である。

A「ひとつの芝居を作っているすべての人々のそれぞれの創造の一瞬一瞬を書きとめることができたとしたら、オーケストラの総譜のようなものができあがるでしょう。そこでは共同創造者の一人一人に自分のパートがあり、自分の楽譜を持つことになります。芝居のすべての参加者が一緒になって、調和を持ってお互いに補ない合いながら、詩人（作者）の超課題を歌い上げるのです。共通の総譜がなければオーケストラが存在しえないように、我々の芝居も存在しえません」（3巻363頁）

B「俳優たちには、創造の瞬間に主要な課題……要所要所（何を）のみを考えていてもらう。その他のこと（どのように）はひとりでに、無意識にやってくるのであり、まさにこの無意識性ゆえに楽譜の実行が、常に明瞭で、新鮮で、ストレートなものになる」（4巻459頁）

C「複雑で有機的な感情を意図せずに演ずることにより、役のそれぞれの断片は俳優にとって生き生きとし、より豊かなものになっていく」（6巻241頁）

役の楽譜とは、スタニスラフスキーによれば、役の順序を追った課題と断片のラインである。

94　芸術家の倫理

芸術家の倫理とは、スタニスラフスキーの用語である。

A「仕事前の気分を作り出す第一の前提条件は〈芸術のなかにいる自分ではなく、自分のなかにある芸術を愛せよ〉というモットーを実行することです。だから、劇場内では良い芸術的な雰囲気が保たれるように気を使いましょう」（3巻244頁）

B「というわけで、私たちの仕事では、他のどのような仕事の場合よりも、自分を常にコントロールできていなければなりません。俳優にとって必要なのは、兵士のような規律

です」（3巻244頁）

C「もうひとつの要素、より正確に言うと、舞台的自己感覚を作りだす条件について話すときがきました。それを生み出すのは舞台上だけではなく、客席にもある、俳優をとりまく雰囲気、芸術家の倫理、舞台芸術家としての規律、そしてわれわれの舞台の仕事における集団意識です」（3巻241頁）

芸術家の倫理とは、スタニスラフスキーによれば、舞台芸術家としての規律と舞台の仕事における集団意識から構成される俳優の創造活動に入るにあたっての状態のことである。

95　俳優と役の見通し

俳優と役の見通しとは、スタニスラフスキーの用語である。

A「役を全体として考え抜き、分析しつくし、疑似体験することによって、俳優の眼前には遠くまで目の届く、明瞭で美しく引き寄せられるような見通しが開ける。そうすると俳優の演技はそれまでのように、いわば近視眼的なものではなく、先の見通せるものにな

る」（3巻135頁）

B「役を演じる人間として俳優自身の見通しがわれわれに必要なのは、舞台に立っている一瞬一瞬につねに先のことを考え、自分の内なる創造力とそれを外に表わす表現能力とを相応させ、それらを正しく配分し、役のために集めた材料を賢く使用するためだ」（3巻138頁）

俳優と役の見通しとは、スタニスラフスキーによれば、戯曲全体、役全体をとらえる中で、その部分部分の調和のとれた関係をつくり、そして配分することである。

96　芸術的身のこなし

芸術的身のこなしとは、スタニスラフスキーの用語である。

A「感覚が繊細なものであればあるほど、それを身体で表わすとき、より鮮明に、より正確に、より優美にすることが求められる」（2巻145頁）

B「このように身のこなしの基礎には、目に見える外的な動きではなく、エネルギーの目に見えない内的な流れが置かれなくてはならない。この体の中を通っていくエネルギーの内面的な感覚を、われわれは動きの感覚と呼んでいる」（3巻49頁）

C「体操においては基本的な粗い筋肉中枢を訓練する。舞踊においてはより深く進み、より繊細な中枢を選び出す。しかしながら、前者も後者もまだ身体表現術（身のこなし）とは言えない。それは単に新しい科目である身体表現術のために生徒を訓練するにすぎない」（8巻297頁）

芸術的身のこなしとは、スタニスラフスキーによれば、エネルギーが内面的に流れる感覚を基礎とする、俳優の身体の動きである。

（訳注　原語の пластика（プラースチカ）は、一般的には彫塑術や形の調和と表現性のことを言うが、舞踊やその他の舞台芸術の場合、いろいろな動きとジェスチャーがリズミカルで優美な調和の取れている身体表現のことを指すため、このように意訳した）

97　二重性

二重性とは、スタニスラフスキーの用語である。

A「自己感覚の諸要素はつねに調整することが必要であり、それは最終的にはやはり自動的に行えるようになるものだ。……その際、俳優は簡単に二重性を持つことができる。つまり、一方では正しくないものを修正し、他方では役を生きつづけることができるのだ」（2巻328頁）

B「素晴らしいことではないか！　このような二重的な状態は邪魔になるどころか、創造の助けとさえなって、それを湧きたたせ、火を点けてくれる」（3巻214頁）

二重性とは、スタニスラフスキーによれば、俳優が体験したり実行したりしていることのすべてを掌握し続けるために、彼の意識の一部が、戯曲の流れに飲み込まれていない自由な状態にあることである。

98　結果とルーツ

結果とルーツとは、スタニスラフスキーの用語である。

A「多くの俳優の誤りは、彼らが行動についてではなく、行動の結果についてのみ考えてしまうことにある。行動そのものを避けてしまい、直接結果に向かってしまう。それは、結果のためのわざとらしい演技、紋切り型の演技に行ってしまう乱暴なやり方となる」（2巻157頁）

B「そのときあなたは自分の中に種を撒き、根から始めて、徐々に実を育てていったのです。あなたは有機的な自然の創造の法則に従って進んだのです」（2巻371頁）

C「感情そのもののことは考えずに、何がその感情を育てたのか、などのようにそういう感情を引き起こした条件について考えるべきです」（2巻237頁）

結果とルーツとは、スタニスラフスキーによれば、役作りへの（俳優の）二つの道である。

注釈　結果とは、役を生きる過程が欠けていることを意味する。ルーツとは、役を生きる過程においてその役を作ろうとする第二の道である。

99　内的な熱さ

内的な熱さとは、スタニスラフスキーの用語である。

Ａ「君たちが舞台で冷めた心（冷たい方法）で行うことはなんであれ、自動的に、想像力を伴わず機械的に行動する習慣を植えつけるため、君たちを駄目にしてしまうだろう」（2巻95頁）

Ｂ「とにかく、冷たい方法で芸術の仕事をしてはならない。我々にははっきりとした内的に熱い状態が必要だし、敏感な注意力が必要だ」（2巻127頁）

Ｃ「酵母菌が発酵を引き起こすのに似て、役の生活を感ずることが俳優の心の中で創造的な認識を進めるのに必要な内的な熱さ、沸騰を引き起こす」（4巻316頁）

内的な熱さとは、スタニスラフスキーによれば、敏感な注意力と現実のものとして想像することによって呼び起こされた俳優の創造的な状態のことである。

訳者あとがき

　これは演出家レオニード・アニシモフ氏が四〇年近くにわたってスタニスラフスキーシステムを実践してきた記録の書と言えます。アニシモフ氏はロシア、アメリカ、そして日本において、スタニスラフスキーシステムに則った演劇活動を精力的に行っています。スタニスラフスキーの難解と思われている理論の、いわば臨床的な実験を各国の演劇の創造活動の現場においてそれぞれの国の俳優たちと、そしてしばしばアニシモフ氏本人自らが実験台となって行ってきました。そしてその実験から、人は、スタニスラフスキーが発見した「有機的自然の法則」に従って創造的な状態になると、国、民族は関係なく誰もが、日常では発揮されないその人本来の力が覚醒され、人間としての美しい真のあるべき姿が見えたとき、それを体験している本人もそれを目撃した周囲の人にもカタルシス（精神の浄化）が起こるといった経験を何度もしたことで、演劇教育の理論だけにはとどまらない人間教育理論としてのスタニスラフスキーシステムの在り方を裏付けるために書かれたものです。

前半の「人に見惚れる」は、副題を「スタニスラフスキーシステムの読み方」としていて、アニシモフ氏本人の体験談、芸術論となっています。後半はスタニスラフスキーシステムの用語の中でも、創造活動の現場における長年の実践経験から、特にこれは重要だというものをアニシモフ氏が選び出し、本人の経験、体験を通しての解説がなされたスタニスラフスキーシステムの用語選集となっています。

一八九八年のモスクワ芸術座におけるチェーホフ作「かもめ」上演より始まったスタニスラフスキーの提唱した「役を生きる芸術《ペレジヴァーニエ》」は、世界の演劇界に革命を起こして新たな芸術の流れを作りましたが、スタニスラフスキー本人はこの芸術を極めるために、当時の最新科学、哲学、心理学、神秘主義的思想、東洋思想などのあらゆる観点から、人間の中にある「自然の創造の法則」の研究を亡くなる直前まで行っていて、そして研究し尽くせなかった続きを後世に託しています。スタニスラフスキーを師と仰いでいるアニシモフ氏は、まさにそれを継承して、スタニスラフスキーの時代にはまだ無かった学問なども取り入れ、机上ではなくすべて実践を通した研究を続け、それをすべて俳優たちとの創造活動に応用し、そして数々の名作舞台を輩出しては、スタニスラフスキーが唱えていたことはやはり正しいのだということを証明し続けています。しかしその上で、スタニスラフスキー本人も成し得ることなく追い求め続けた「役を生きる芸術《ペレジヴァーニエ》」の理想形は、我々の時代でも到底成し得ることがない、人間という生命体のことがもっと解明され、それが人道的に活かされる世の中が来たときに、初めてその形が見えてくるはずだとアニシモフ氏は断言します。つまり「役を生きる芸術《ペレジヴァーニエ》」はわれわれにとってもまだまだ未来の芸術なのです。しかしその時が来ればあらゆる芸術の本流となるはずだと、彼は信じて疑いません。

訳者は幸いなことに、俳優として通訳者としてアニシモフ氏の創造活動に一五年以上関わらせていただいています。今回アニシモフ氏の本の翻訳をするにあたり、諸先輩方が翻訳されてきたスタニスラフスキーの本を参考にさせていただきましたが、アニシモフ氏との創造活動の現場で実際に自分が俳優として経験したスタニスラフスキーシステムを基本として、また私よりも長くアニシモフ氏の通訳に従事されており、アニシモフ氏の盟友でもある遠坂創三先生と共に、なるべく現場で私たちが体験したアニシモフ氏の言葉を再現しようと努めました。文脈上、相当の意訳をしている部分もあるのですが、学術書というよりは、舞台や映像の俳優、演出家、映画監督、音楽家、舞踊家、美術家、作家など、あらゆるジャンルの創造活動家、さらには人間の中にある「有機的自然の法則」に従って豊かな人生を送りたい全ての人々のための「読み物」として指針の書となれば幸いです。

二〇一六年一月

上世博及

本書を出版するにあたっては様々な方々にご協力いただきました。

上田美佐子氏（両国シアターXプロデューサー）
村上圭子氏（ロシア語通訳家）
安達紀子氏（ロシア文学研究者、翻訳家、エッセイスト）
みやこうせい氏（写真家、エッセイスト）
児島宏子氏（ロシア語通訳・翻訳家、絵本作家）
八木昭子氏（東京ノーヴイ・レパートリーシアター芸術部部長）
東京ノーヴイ・レパートリーシアターの俳優の皆さん
飯島徹氏（未知谷　編集・発行人）

この場をお借りして厚く御礼申し上げます。

注釈

1頁　スタニスラフスキー（コンスタンチン・セルゲエヴィッチ　1863～1938）　旧ロシア帝国、ソビエト連邦の俳優、演出家、演劇教育者。本名はアレクセーエフ。芝居好きの裕福な実業家の家庭に生まれ、兄弟姉妹とともにアマチュア劇団を結成して演劇活動を始める。その後、モスクワ文芸協会設立。そこで様々な芸術家たちと知り合い、その中の一人である当時人気作家で俳優の指導もしていたネミロヴィッチ＝ダンチェンコと共に一八九八年モスクワ芸術座を創立。チェーホフやゴーリキーの作品を世に送り出し、ロシア革命のさなかに行った欧米公演ツアーにより世界的名声を得る。一九二八年に心臓病で俳優を引退して以降、それまでも行っていた俳優教育のための人間の創造活動における「有機的自然の法則」の研究に没頭し、スタニスラフスキーシステムを確立。世界の演劇に多大な影響を残した。

1頁　エリマール・ゲッツ教授（1859～1923）　アメリカの心理学者、発明家のエルマ・ゲイツのこと。

1頁　モーズレイ（ヘンリー　1835～1918）　イギリスの心理学者、精神科医。

12頁　アナトリー・ワシーリエヴィッチ・エフロス（1925～87）　ソビエト連邦の演出家、映画監督、演劇教育者。モスクワの中央児童劇場、レーニン・コムソモール劇場の演出家を歴任した後、マーラヤ・ブロンナヤ劇場の主任演出家を一七年務める。一九八四年、当時絶大な人気を博していたタガンカ劇場の主任演出家だったリュビーモフが亡命したことで、当局によってリュビーモフの後任としてタガンカ劇場の主任演出家に任命されたものの劇場の俳優達とそりが合わず、失意のうちに一九八七年に心臓発作で急逝した。日本では劇団東演で「桜の園」「ナターシャ」を演出している。

31頁　〈こころ〉　ロシア語では сердце（セルツェ　こころ、心臓、英語の heart）、душа（ドゥシャー　魂、こころ、英語の soul）、дух（ドゥフ　精神、霊、霊性、こころ、英語の spirit）という概念がある。ここで書かれている「こころ」は heart を指す。

35頁　「魂がこめられる人になるにはまず精神を純粋にすることです」　魂とは何か、精神・霊性とは何かという定義は困難だが、魂の特性は気分、情動、感情、欲求などであり、精神・霊性の特性はイマジネーション、考え、志向などであるとアニシモフ氏は説明する。ちなみに本書の用語集第30項「役のこころの生活」の原文は жизнь человеческого духа роли（直訳　役の人間精神の生活）で精神の方を指しているが、「人間精神」の部分を文脈上、あえて「こころ」と意訳した。

51頁　ラザレフ　ラザレフ（ピョートル・ペトローヴィッチ　1878〜1942）旧ロシア帝国、ソビエト連邦の物理学、生物物理学、地球物理学者。生物物理学という分野の先駆者の一人で、地球物理学者としては世界有数の鉄鉱埋蔵量を誇るクルスク磁気異常の研究で有名。

67頁　ネミロヴィッチ＝ダンチェンコ（ヴラジーミル・イワノヴィッチ　1858〜1943）　旧ロシア帝国、ソビエト連邦の演出家、演劇教育者、劇作家、演劇評論家。一八八二年にモスクワ・マールイ劇場で彼の戯曲「野ばら」が上演されたことで当時劇作家・作家として名声を得る。一八九一年よりモスクワ音楽愛好協会ドラマ部門にて俳優を育成し、その時の教え子たち（後にソビエトを代表する名優たちに成長する）を引き連れて一八九八年にスタニスラフスキーと共にモスクワ芸術座を創立する。共同で多くの芝居を創作し、ドストエフスキーやトルストイの長篇小説の脚色・演出なども手掛けた。一九二八年にスタニスラフスキーが俳優を引退してシステムの研究だけに没頭したのちも、亡くなるまでモスクワ芸術座を牽引し続けた。芸術座とは別に、一九一九年に組織した音楽スタジオは、現在彼の名を冠した音楽劇場になっている。

68頁 トフストノーゴフ（ゲオルギー・アレクサンドロヴィッチ 1915～89） ソビエト連邦の演出家、演劇教育者。トビリシの青少年劇場、モスクワの中央児童劇場、レニングラード（現サンクトペテルブルク）のレーニン・コムソモール劇場の演出家を経たのち、一九五六年より亡くなるまでの三三年間、レニングラード・ボリショイドラマ劇場（ＢＤＴ）の主任演出家を務める。同劇場を世界的なレベルにまで育て上げ、数々の名優を輩出したことで、当時ソビエト演劇界に重鎮として君臨する。現在ＢＤＴは彼の功績を称えて「トフストノーゴフ記念」と冠している。また、演劇教育者として特に演出家の育成に力を注いだ。一九八三年、一九八八年にはＢＤＴを率いて来日公演を行っている。著書「演出家の仕事」は日本語にも翻訳されている。

84頁 追体験（役を生きる） 本書の用語集第64項、第67項に関連するが、先人たちによって追体験、内的体験、体験、役を生きる、心で生きるなどの訳語がある。本書ではロシア語のカタカナ表記を付随して「役を生きる（ペレジヴァーニエ）」とした。

91頁 スタニスラフスキー用語 順番はアニシモフ氏の原文の通りにしてある。最初はロシア語のアルファベット順に用語を選んでいたようだが、途中から順不同で用語が付け加えられてきたため、ロシア語のアルファベット順にはなっていない。また引用元の巻の数字は、一九五四年から一九六一年にかけて出版されたスタニスラフスキー八巻選集に基づく。

119頁　26心理技術・72心理操作術（166頁）　両方とも原文は「психотехника」。重複しているが前後の用語の関連から、アニシモフ氏が引用元を変えて説明しているのであえて訳を変えて両方を残した。

139頁　コクランとタルマの遺訓　ベヌア＝コンスタン・コクラン（1841～1909）とフランソワ＝ジョゼフ・タルマ（1763～1826）の演技理論、演技様式のこと。コクランは、モリエールの「タルチュフ」やロスタンの「シラノ・ド・ベルジュラック」などのタイトルロールの演技が高く評価された喜劇役者だったが、彼の演技理論は「俳優は役を生きるのではなく、演じるべきだ」というスタニスラフスキーの「役を生きる」という考え方とは真逆だった。またタルマは、当時の古典主義演劇の約束ごとに反対して演劇に真実性を取り入れた演劇改革者とされるが、端正な肉体と美声で人気を博した俳優で、ナポレオンは彼に立ち姿を学んだとされ、スタニスラフスキーからすると、タルマも様式美で演じる代表格だったようである。

著者紹介

レオニード・アニシモフ（Leonid Anisimov）

ロシア功労芸術家、演出家、認定ＮＰＯ法人東京ノーヴィ・レパートリーシアター芸術監督、東京インターナショナル・スタニスラフスキー・アカデミー校長

シチューキン演劇大学大学院（モスクワ）演出科卒業。ウラジオストク国立室内ドラマ劇場芸術監督として活躍。一九九三年、ロシア功労芸術家の称号を与えられる。二〇〇五年九月より一年間ワシントン大学大学院の客員教授、その後ロシア・ウスリースク市立ドラマ劇場芸術監督を務めた。日本では一九九三年、「夢、クレムリンであなたと」（木山事務所）共同演出で、文化庁芸術祭優秀賞受賞。二〇〇〇年より日本で継続的なスタニスラフスキーシステムのマスタークラスを指導。その時に指導した俳優たちを中心に二〇〇四年、東京ノーヴィ・レパートリーシアターを設立。『生きた舞台』を創造する俳優・演出家の育成に力を入れると同時に、精力的に作品を発表し、その演出作品は海外での演劇祭に招聘されるなど、芸術性の高さが認められている。二〇〇七年、ロシア伝統芸術を世界に普及させている貢献に対し、ロシア正教会よりセラフィーム・サロフスキーメダル第二級を授与される。スタニスラフスキーシステムの研究者・演出家として、現在日本を中心にヨーロッパ諸国、アメリカなどでも活発な活動を続けている。

〈日本におけるアニシモフ氏の演出作品〉

東京ノーヴィ・レパートリーシアター

ゴーリキー作「どん底で」、チェーホフ作「かもめ」「ワーニャ伯父さん」「三人姉妹」「桜の園」「イワーノフ」、近松門左衛門作「曾根崎心中」、宮沢賢治原作「銀河鉄道の夜」「鹿踊りのはじまり」、シェイ

クスピア作「ハムレット」、村山富士子作「越後瞽女唄冬の旅」、ドストエフスキー原作・トフストノーゴフ脚色「Idiot～ドストエフスキー白痴より～」、ブレヒト作「コーカサスの白墨の輪」、ベケット作「ゴドーを待ちながら」、鎌田東二訳「古事記～天と地といのちの架け橋」、ソポクレス作「アンティゴネー」

〈その他の日本での演出作品〉
木山事務所　О・クーチキナ作「夢　クレムリンであなたと」共同演出（岡田真澄　春風ひとみ主演）文化庁芸術祭優秀賞受賞
劇団銅鑼　チェーホフ作「三人姉妹」
安養院企画　夢枕獏作「陰陽師　鉄輪恋愛輪舞曲」

訳者紹介
遠坂創三（とおさか　そうぞう）
神奈川大学講師、ロシア語通訳者。一九四三年生まれ、民族友好大学（現モスクワ）工学部卒、経済学修士。大学卒業後、フォルクスワーゲン社ブラジル工場で技術者として三年間働く。帰国後、貿易商社勤務。ソ連研究。雑誌編集等に携わり、神奈川大学大学院で発展途上経済を研究。著書に「世界の若もの」、訳書に「シベリアが死ぬ時」がある。

上世博及（かみぜ　ひろちか）
俳優、ロシア語通訳者。一九七二年生まれ。高校卒業後、モスクワ国立国際関係大学国際情報学部に入学するも三年学んだ後中退し、サンクトペテルブルク国立文化アカデミー（現・文化大学）芸術学部ドラマ演出科に入学。トフストノーゴフの弟子だったワレリー・プロトキン氏に学び一九九七年卒業。その後日本に帰国し俳優として舞台、テレビなどに出演。二〇〇〇年のアニシモフ氏のワークショップに参加して以来、東京ノーヴイ・レパートリーシアターに所属しアニシモフ氏の下で俳優、ロシア語通訳者して活動している。主な出演作品：アニシモフ氏演出「かもめ」（トレープレフ）、「曾根崎心中」（徳兵衛）、「ハムレット」（ハムレット）など。テレビは「ロシア語会話」「菜の花の沖」、「遥かなる約束」「不毛地帯」など。

参考文献

K.C.Станиславский Собрание сочинений в восьми томах, Государственное издательство 《Иикусство》, 1954～1961
コンスタンチン・スタニスラフスキー　俳優の仕事　俳優教育システム第一部、第二部　堀江新二他訳　未來社
コンスタンチン・スタニスラフスキー　俳優の仕事　第三部　俳優の役に対する仕事　堀江新二他訳　未來社
K・スタニスラフスキー　俳優の仕事　1～4巻　千田是也訳　理論社
スタニスラフスキー　芸術におけるわが生涯　上・中・下巻　蔵原惟人・江川卓訳　岩波文庫
トフストノーゴフ　演出家の仕事　1・2巻　牧原純・中本信幸訳　理論社
セルゲイ・チェルカッスキー　スタニスラフスキーとヨーガ　堀江新二訳　未來社

スタニスラフスキー用語99の謎　索引

あ

3 アンサンブル（芸術的調和） АНСАМБЛЬ 94
23 家での仕事 ДОМАШНЯЯ РАБОТА 116
13 意志 ВОЛЯ 105
6 インスピレーション ВДОХНОВЕНИЕ 98
44 イントネーション ИНТОНАЦИЯ 137
84 演劇的約束ごと ТЕАТРАЛЬНАЯ УСЛВНОСТЬ 178
57 おとり（囮） МАНКИ 150
39 思いつきによる演技 ИГРА НУТРОМ 132

か

7 確信 ВЕРА 99
33 課題 ЗАДАЧА 126
52 考えのライン ЛИНИЯ МЫСЛИ 145
76 貫通行動 СКВОЗНОЕ ДЕЙСТВИЕ 170
38 戯曲の種 ЗЕРНО ПЬЕСЫ 131
35 筋肉の緊張 ЗАЖИМ МУСКУЛЬНЫЙ 128
15 具象化 ВОПЛОЩЕНИЕ 107
18 グロテスク ГРОТЕСК 111
61 芸術的形象（役の） ОБРАЗ ХУДОЖЕСТВЕННЫЙ (РОЛИ) 154
96 芸術的身のこなし ПЛАСТИКА АРТИСТИЧЕСКАЯ 190
41 芸術的理念 ИДЕЯ ХУДОЖЕСТВЕННАЯ 134
94 芸術家の倫理 ЭТИКА АРТИСТИЧЕСКАЯ 188
98 結果とルーツ РЕЗУЛЬТАТ И КОРЕНЬ 192
73 公開の孤独 ПУБЛИЧНОЕ ОДИНОЧЕСТВО 167
21 行動 ДЕЙСТВИЕ 114
20 行動的分析（役の提案された状況の）
ДЕЙСТВЕННЫЙ АНАЛИЗ ПРЕДЛАГАЕМЫХ ОБСТОЯТЕЛЬСТВ РОЛИ 113
63 交流 ОБЩЕНИЕ 156

37 ここで、今日、今 "ЗДЕСЬ, СЕГОДНЯ, СЕЙЧАС" 130
77 言葉による行動 СЛОВЕСНОЕ ДЕЙСТВИЕ 171

さ

82 才能 ТАЛАНТ 176
69 サブテキスト ПОДТЕКСТ 162
29 しぐさ（ジェスチャー） ЖЕСТ 122
78 事件 СОБЫТИЯ 172
65 事実の評価（舞台での） ОЦЕНКА ФАКТОВ (СЦЕНИЧЕСКИХ) 158
79 システム СИСТЕМА 173
16 自制 ВЫДЕРЖКА 108
40 自分自身であり続ける ИГРАТЬ САМОГО СЕБЯ 133
48 情念の真実 ИСТИНА СТРАСТЕЙ 141
89 身体的課題 ФИЗИЧЕСКАЯ ЗАДАЧА 183
88 身体的行動 ФИЗИЧЕСКОЕ ДЕЙСТВИЕ 182
17 身体の目 ГЛАЗА ТЕЛА 110
26 心理技術 ПСИХОТЕХНИКА 119
72 心理操作術 ПСИХОТЕХНИКА 166
19 心理的起動力 ДВИГАТЕЛИ ПСИХИЧЕСКОЙ ЖИЗНИ 112
27 心理的起動力を働かせる心理技術
ПСИХОТЕХНИКА ДВИГАТЕЛЕЙ ПСИХИЧЕСКОЙ ЖИЗНИ 120
90 性格的特徴 ХАРАКТЕРНОСТЬ 184
85 台詞 ТЕКСТ 179
32 台詞のおしゃべり ЗАБАЛТЫВАНИЕ ТЕКСТА 125
68 潜在意識 ПОДСОЗНАНИЕ 161
14 想像 ВООБРАЖЕНИЕ 106
83 創造的着想 ТВОРЧЕСКИЙ ЗАМЫСЕЛ 177
43 即興 ИМПРОВИЗАЦИЯ 136

た

36 対象を感染させる（相手にみさせる） ЗАРАЖАТЬ ОБЪЕКТ 129
51 断片 КУСОК 144
55 小さな真実 МАЛЕНЬКАЯ ПРАВДА 148
11 注意（感覚的） ВНИМАНИЕ ЧУВСТВЕННОЕ 103

50 注意の円 КРУГ ВНИМАНИЯ 143
56 注意の小さな円 МАЛЫЙ КРУГ ВНИМАНИЯ 149
10 注意（舞台的） ВНИМАНИЕ СЦЕНИЧЕСКОЕ 102
75 超課題 СВЕРХЗАДАЧА 169
91 掴み（クラッチ） ХВАТКА 185
70 提案された状況（戯曲の）
ПРЕДЛАГАЕМЫЕ ОБСТОЯТЕЛЬСТВА ПЬЕСЫ 164
22 ディレッタンティズム ДИЛЕТАНТИЗМ 115
86 テンポ・リズム ТЕМПО-РИТМ 180
24 ドラマ ДРАМА 117
25 ドラマトゥルギー ДРАМАТУРГИЯ 118

な

71 内的（心理的）行動 ПСИХИЧЕСКОЕ (ВНУТРЕННЕЕ) ДЕЙСТВИЕ 165
99 内的な熱さ ВНУТРЕННИЙ НАГРЕВ 193
34 内的な緊張 ЗАЖИМ ВНУТРЕННИЙ 127
8 内的ビジョン（視覚化） ВИДЕНИЯ ВНУТРЕННЕГО ЗРЕНИЯ 100
97 二重性 РАЗДВОЕНИЕ 191

は

49 俳優＝役の反貫通行動
КОНТРСКВОЗНОЕ ДЕЙСТВИЕ АРТИСТО-РОЛИ 142
4 俳優＝役 АРТИСТО-РОЛЬ 95
95 俳優と役の見通し ПЕРСПЕКТИВА АРТИСТА И РОЛИ 189
46 表示の芸術 ИСКУССТВО ПРЕДСТАВЛЕНИЯ 139
80 舞台的真実 СЦЕНИЧЕСКАЯ ПРАВДА 174
87 舞台的事実 ФАКТ СЦЕНИЧЕСКИЙ 181
47 舞台的ヒステリー ИСТЕРИЯ СЦЕНИЧЕСКАЯ 140
9 舞台での外的自己感覚 ВНЕШНЕЕ СЦЕНИЧЕСКОЕ САМОЧУВСТВИЕ 101
62 舞台での総体的自己感覚 ОБЩЕЕ СЦЕНИЧЕСКОЕ САМОЧУВСТВИЕ 155
12 舞台での内的自己感覚
ВНУТРЕННЕЕ СЦЕНИЧЕСКОЕ САМОЧУВСТВИЕ 104
81 舞台話法 СЦЕНИЧЕСКАЯ РЕЧЬ 175
2 分析 АНАЛИЗ 93

66 変身 ПЕРЕВОПЛОЩЕНИЕ 159
54 放射と受容 ЛУЧЕИСПУСКАНИЕ И ЛУЧЕВОСПРИЯТИЕ 147

ま

58 ミザンスツェーナ（ミザンス） МИЗАНСЦЕНА 151
60 無邪気さ НАИВНОСТЬ 153
5 無対象行動 БЕССПРЕДМЕТНОЕДЕЙСТВИЕ 96
28 「もしも～なら……」 ЕСЛИ БЫ… 121
59 モノローグ（独白） МОНОЛОГ 152
42 模倣（イミテーション） ИМИТАЦИЯ 135

や

92 ヤ・イェスミ（我あり）《Я Е СМЬ》 186
1 役者的エモーション（情動） АКТЕРСКАЯ ЭМОЦИЯ 92
93 役の楽譜 ПАРТИТУРА РОЛИ 187
30 役のこころの生活 ЖИЗНЬ ЧЕЛОВЕЧЕСКОГО ДУХА РОЛИ 123
31 役の身体の生活 ЖИЗНЬ ЧЕЛОВЕЧЕСКОГО ТЕЛА РОЛИ 124
74 役のリアルな生活感覚 РЕАЛЬНОЕ ОЩУЩЕНИЕ ЖИЗНИ РОЛИ 168
45 役を生きる（ペレジヴァーニエ）芸術 ИСКУССТВО ПЕРЕЖИВАНИЯ 138
67 役を生きる（ペレジヴァーニエ） ПЕРЕЖИВАНИЕ РОЛИ 160
64 役を生きる（ペレジヴァーニエ）芸術の基礎
ОСНОВЫ ИСКУССТВА ПЕРЕИВАНИЯ 157

ら

53 論理と順序 ЛОГИКА И ПОСЛЕДОВАТЕЛЬНОСТЬ 146

スタニスラフスキーへの道《みち》

システムの読み方と用語99の謎

2016年4月11日印刷
2016年4月25日発行

著者　レオニード・アニシモフ
訳者　遠坂創三　上世博及
発行者　飯島徹
発行所　未知谷
東京都千代田区猿楽町2丁目5-9　〒101-0064
Tel. 03-5281-3751 / Fax. 03-5281-3752
［振替］　00130-4-653627
組版　柏木薫
印刷所　ディグ
製本所　難波製本

Publisher Michitani Co. Ltd., Tokyo
Printed in Japan
ISBN978-4-89642-493-5　C1074

——MEMO——

—— MEMO ——

—— MEMO ——

—— MEMO ——

—— MEMO ——

—— MEMO ——

—— MEMO ——

—— MEMO ——

—— MEMO ——

—— MEMO ——

—— MEMO ——

—— MEMO ——